C.H.BECK WISSEN

Die Normannen, in den zeitgenössischen Quellen als «Nordmänner» bezeichnet, haben die Geschichte des Mittelalters vielfältig geprägt. Ausgehend von den Wikingern beschreibt Hubert Houben die Ansiedlung von Normannen in Nordfrankreich, aus der das Herzogtum Normandie hervorging, und zeichnet die normannischen Expansionen des 11. und 12. Jahrhunderts nach. Mit der Eroberung Englands 1066 wurde nicht nur die Herrschaft der Angelsachsen abgelöst, sondern auch die Herausbildung einer neuen englischen Identität ermöglicht. Im Süden Italiens schufen die Normannen durch die Zurückdrängung des byzantinischen Einflusses in Apulien und Kalabrien und die Eroberung des muslimisch geprägten Sizilien die Voraussetzungen für die Entstehung eines neuen Königreichs, das in seiner kulturellen Bedeutung nur mit dem Maurischen Spanien zu vergleichen ist. Zudem begründeten die Normannen im Umfeld des 1. Kreuzzugs das Kreuzfahrerfürstentum Antiochia im Vorderen Orient. Abschließend behandelt das Buch die Anpassungs- und Integrationsfähigkeit der Normannen, die Existenz einer normannischen Identität sowie die Gründe für ihren nachhaltigen Erfolg.

Hubert Houben, geb. 1953, war bis zu seiner Emeritierung 2023 Professor für Mittelalterliche Geschichte an der Universität des Salento im süditalienischen Lecce. Er ist Mitglied der Accademia Nazionale dei Lincei in Rom und wurde mit dem Humboldt-Forschungspreis ausgezeichnet.

Hubert Houben

DIE NORMANNEN

C.H.Beck

Meinen Enkeln Dafne und Giancarlo gewidmet

Mit 5 Karten (© Peter Palm, Berlin)
und 4 Stammtafeln

2., durchgesehene Auflage. 2024

Originalausgabe

www.chbeck.de
Reihengestaltung Umschlag: Uwe Göbel (Original 1995, mit Logo),
Marion Blomeyer (Überarbeitung 2018)
Umschlagabbildung: Normannische Ritter auf dem Teppich
von Bayeux, um 1095, Centre Guillaume le Conquérant, Bayeux,
© akg-images/Erich Lessing
Satz: C.H.Beck.Media.Solutions, Nördlingen
Druck und Bindung: Druckerei C.H.Beck, Nördlingen
Printed in Germany
ISBN 978 3 406 82035 9

verantwortungsbewusst produziert
www.chbeck.de/nachhaltig

Inhalt

Einleitung **7**

I. Die Entstehung einer Region und eines Volkes **10**

1. Normandie und Normannen 10
Wikinger im Frankenreich 10 – Die Geburt der Normandie 12 – Ein neues Volk: die Normannen 14 – Ein schwieriger Anfang 16

2. Das Herzogtum Normandie 18
Religiöse Legitimation und erfolgreiche Integration 18 – Die Stärkung des Herzogtums 20 – Eine Phase der Instabilität 21 – Politische Stabilisierung und christliche Durchdringung 23

II. Der Sprung über den Kanal **27**

1. Die normannische Eroberung Englands 27
England vor 1066 27 – Das Ende der angelsächsischen Monarchie 29 – Die normannische Invasion 31

2. Das anglo-normannische Königreich 35
Der Aufbau 35 – Die Konsolidierung 39 – Die Krise 42 – Die normannisch-englische Integration 45

3. Das angevinisch-englische Großreich 46
Europäische Beziehungen 49 – Das Problem der Nachfolge 51 – Das Ende der normannisch-englischen Verbindung 54

III. Die Verlockungen des Südens **56**

1. Die Normannen in Italien 56
Pilger, Söldner, Einwanderer 56 – Die Eroberung Süditaliens 63 – Konflikte mit dem Papsttum und Byzanz 68 – Die Eroberung Siziliens 74

2. Normannen im Nahen Osten und in Spanien 77
Im Sold von Byzanz 77 – Bohemund der Kreuzfahrer 81 – Das Fürstentum Antiochia 92 – Tarragona: Fürstentum ohne Zukunft 95

3. Das Königreich Sizilien 97
Der Gründer: Roger II. 97 – Europäische Einbindung 104 – Kulturelle Vielfalt 108 – Normannische Erinnerungen 113

Epilog: Migration, Integration und Identität 115

Literaturhinweise 124
Personenregister 125

Verzeichnis der Karten

Die Normandie und ihre Nachbarn 1066: vordere Umschlaginnenseite
Das angevinische Reich 48
Süditalien und Sizilien 60
Das normannische Fürstentum Antiochia 88
Die Welt der Normannen (11./12. Jh.): hintere Umschlaginnenseite

Verzeichnis der Stammtafeln

Herzöge der Normandie und Könige von England 26
Die Fürsten und Regenten von Antiochia (1099–1149) 89
Die Herzöge von Apulien, Kalabrien und Sizilien (1059–1130) 99
Die Könige von Sizilien (1130–1250) 107

Einleitung

Wer waren «die Normannen»? Im Deutschen versteht man traditionell darunter sowohl die Wikinger, also die Bewohner Skandinaviens vom Ende des 8. bis zur Mitte des 11. Jahrhunderts, als auch deren Nachfahren, die sich im 10. Jahrhundert in Nordfrankreich niederließen, das Christentum und die romanische (altfranzösische) Sprache annahmen und dem von ihnen beherrschten Gebiet den Namen Normandie gaben. Der doppeldeutige deutsche Sprachgebrauch hat seine Wurzeln in der Terminologie fränkischer Autoren des Karolingerreichs, denn diese bezeichneten die Wikinger, die im 9. Jahrhundert die Küsten unsicher machten, als «Nordmannen». Im Englischen und Französischen, aber auch in der historischen Forschung unterscheidet man hingegen die skandinavischen Wikinger von den Einwohnern der Normandie, den Normannen. Diesem Sprachgebrauch schließen wir uns im Folgenden an, zumal in der Reihe «Wissen», in der die vorliegende Darstellung erscheint, «Die Wikinger» vor einigen Jahren von Rudolf Simek eigens behandelt wurden.

Viele Bewohner der Normandie zog es im 11. Jahrhundert in die Ferne, mit weitreichenden historischen Folgen: Als der normannische Herzog Wilhelm im Jahre 1066 durch seinen Sieg in der Schlacht von Hastings die englische Königskrone erlangte, löste sich England von seiner politischen und kulturellen Bindung an Skandinavien und rückte näher an Frankreich heran. Um dieselbe Zeit zogen andere normannische Ritter in den Süden und eroberten große Teile Süditaliens. Einer ihrer Nachfahren, Roger II., Sohn Rogers I. von Hauteville, vereinigte 1130 Unteritalien und Sizilien, die lange Zeit unter byzantinischer bzw. arabischer Herrschaft gestanden hatten, in einem neuen Königreich. Dadurch wurde der Süden Italiens zu einem Teil der westlich-lateinischen Christenheit. Bohemund I., ein Vetter Rogers II., gründete während des 1. Kreuzzugs (1098) im damals syrischen Antiochia (heute Antakya, Türkei) ein normannisches Fürstentum.

Im 12. Jahrhundert gab es also mit den Königreichen England und Sizilien sowie dem Fürstentum Antiochia drei von Normannen begründete Reiche (s. Karte hintere Umschlaginnenseite). Historiker des 19. und 20. Jahrhunderts sprachen ihnen daher ein besonderes Talent zur Errichtung neuer «Staaten» zu. Aus englischer Sicht nahmen die mittelalterlichen Normannen das neuzeitliche britische *Empire* vorweg: «Um das Jahr 1100 hatten die Normannen eine Art *Commonwealth* gegründet, bei dem sich ihre unmittelbare territoriale Hegemonie in einer losen Kette von Staaten von der walisischen Mark über die Flüsse Severn und Dee, über die Normandie und Süditalien und Sizilien bis nach Antiochia und den Fluss Orontes erstreckte. Hinzu kommen noch die normannische Beteiligung an der Rückeroberung (*Reconquista*) Spaniens von der islamischen Herrschaft (...) und die von Italien aus über die Adria führenden Feldzüge gegen das Byzantinische Reich» (Brown).

Gegen Ende des 20. Jahrhunderts ließ die politische Einigung Europas die mittelalterlichen Normannen in einem anderen Licht erscheinen. Nun wurden sie als «Volk Europas» (*popolo d'Europa*) gefeiert, so der Titel einer Ausstellung, die 1994 im Palazzo Venezia in Rom zu sehen war. Die Normannen – so liest man im Ausstellungskatalog – hätten durch die von ihnen bewirkten Verbindungen zwischen Nord- und Südeuropa einen wichtigen Beitrag zur Bildung des europäischen Bewusstseins geleistet. Ihre Bereitschaft zur Assimilierung und Integration verschiedener Völker und Kulturen sei ein mögliches Modell für die Schaffung einer neuen multikulturellen europäischen Identität ohne ethnische Barrieren.

Auch für die deutsche Geschichte sind die mittelalterlichen Normannen von Bedeutung. Nur mit Hilfe der militärischen Unterstützung durch die in Süditalien ansässig gewordenen Normannen konnten die Päpste im sogenannten Investiturstreit die Unabhängigkeit der römischen Kirche vom römisch-deutschen Kaisertum durchsetzen. Das von Roger II. geschaffene

Königreich Sizilien wurde zu einer wichtigen Stütze des Papsttums; alle Versuche der Kaiser, es zu unterwerfen, blieben ohne Erfolg. Am Ende entschloss sich Friedrich Barbarossa, mit den Normannen Frieden zu schließen: Er verheiratete seinen Sohn und Nachfolger Heinrich VI. mit Konstanze von Sizilien. Als deren Neffe, König Wilhelm II., 1189 kinderlos starb, erbte Konstanze sein Reich, das so mit dem staufischen Kaiserreich verknüpft wurde. Ihr Sohn, Friedrich II., herrschte über ein Gebiet, das von der Nordsee bis zum Mittelmeer reichte. Doch der Widerstand des Papsttums, das sich territorial eingeschlossen fühlte, führte schließlich 1268 zum Untergang der Staufer.

Die Geschichte der Normannen ist voll von Verwandlungen: Aus skandinavischen Piraten wurden normannische Ritter, aus dem normannischen Herzog Wilhelm dem Bastard der englische König Wilhelm der Eroberer, aus nach Italien emigrierten Söhnen des kleinen normannischen Adligen Tankred von Hauteville Grafen und Herzöge, aus seinen Enkeln Fürsten und Könige. Andere normannische Abenteurer waren weniger erfolgreich und hinterließen kaum Spuren.

Das Buch beschreibt zunächst die Entstehung der Normannen und der Normandie (Kap. I), anschließend die normannische Eroberung Englands und ihre Folgen (Kap. II) sowie die normannische Expansion im Mittelmeerraum (Kap. III). Neben den politischen Ereignissen und ihren weitreichenden Folgen geht es auch um Fragen der Akkulturation und Integration; sie sind heute, im 21. Jahrhundert, in einer immer globaler werdenden Welt, die von Migrationen und Kontakten beziehungsweise Konflikten zwischen verschiedenen Religionen und Kulturen geprägt wird, von neuer Aktualität: Wie verhielten sich die normannischen Einwanderer und Eroberer in ihrer neuen Umgebung? Wie reagierten die Einheimischen auf die fremde Sprache, Religion und Kultur der normannischen Migranten?

Moderne Historiker haben die Erfolge der Normannen vor allem mit ihrer Anpassungsfähigkeit erklärt. Wie ihre Integration vor sich ging und welche Folgen sie für die Identität der normannischen Einwanderer hatte, ist ein schwieriges, aber wichtiges Thema, um das es in einem Epilog gehen wird.

I. Die Entstehung einer Region und eines Volkes

1. Normandie und Normannen

Die Normandie hat ihren Namen von den Wikingern («Nordmannen»), die sich im 9.–10. Jahrhundert zwischen Seine und Loire niederließen. Aus dem von ihnen beherrschten Gebiet ging das Herzogtum Normandie hervor. Es hatte, wenn man von der Nordsee im Norden absieht, keine natürlichen Grenzen. Die Westgrenze zur Bretagne und die Ostgrenze zur Picardie waren fließend; die südliche Abgrenzung gegenüber den Grafschaften Maine und Perche war umstritten (s. Karte vordere Umschlaginnenseite). Politisch gehörte dieses Gebiet zum westfränkischen Königreich, das aus der Teilung des von Karl dem Großen (gest. 814) geschaffenen fränkisch-römischen Kaiserreichs hervorgegangen war. Einer der Gründe für den Zerfall des karolingischen Großreichs waren die Einfälle der Wikinger gewesen, die seit dem Ende des 8. Jahrhunderts ganz Europa heimgesucht hatten.

Wikinger im Frankenreich Die Ursachen der skandinavischen Expansion, die als eine «späte Phase der Völkerwanderungszeit» angesehen wird (Simek), waren komplexer Natur. Es ist umstritten, ob Überbevölkerung und Mangel an Land für Ackerbau und Viehzucht die Hauptursache waren oder ob nicht eher Abenteuerlust und Freiheitsdrang die Wikinger dazu bewogen, ihre Heimat zu verlassen. Skandinavische Auswanderungswellen gab es schon früher: Bereits im 2. Jahrhundert v. Chr. brachen die Kimbern und Teutonen von Jütland auf und drangen in das Römische Reich ein. Die skandinavischen Migrationen nahmen aber eine neue Dimension an, nachdem die Wikinger zwischen dem 6. und 8. Jahrhundert seetüchtige, schnelle und flachkielige Segelschiffe entwickelt hatten, die es ihnen ermöglichten, längere Distanzen zu bewältigen. So erreichten sie Island (850/70), das Mittelmeer (859), Grönland (930/40) und die Ostküste Kanadas (um 1000). Auf Booten, die mittels Rollen über Land transportiert werden konnten, fuhren sie die Flüsse Dnjepr und Wolga hinauf: Über das Schwarze Meer gelangten sie nach Konstantinopel, über das Kaspische Meer bis nach Persien. Im Norden verbanden sie räuberische Überfälle mit Ackerbau und Viehzucht, im Osten Piraterie mit Handel und Söldnerdiensten.

Seit 810 machten Wikinger die Nordseeküste unsicher. Mit ihren wendigen Schiffen segelten und ruderten sie ungehindert die Flüsse Loire, Seine, Maas, Rhein und Elbe hinauf: Sie plünderten Städte wie Nantes (834), Rouen (841), Paris (ab 845 mehrfach), Hamburg (845), Bremen (858) und Xanten (863). Die fränkischen Könige verfügten weder über eine Flotte noch über ein stehendes Heer und waren daher nicht in der Lage, eine wirksame Verteidigung zu organisieren. Es blieb ihnen nichts anderes übrig, als die Eindringlinge, die seit 852 in Frankreich zu überwintern begannen, durch Geldzahlungen zum Stillhalten zu bewegen.

Angesichts der Schwäche der königlichen Autorität nahmen lokale Kräfte den Schutz des Landes in die Hand: Die Wikinger, die 885/86 Paris belagerten, konnten nur durch das Eingreifen des Grafen Odo aus dem Haus der Robertiner besiegt werden. Der ostfränkische Herrscher Karl III. der Dicke, der für kurze Zeit das Karolingerreich wieder vereinigt und die Kaiserkrone errungen hatte, zeigte sich unfähig, die Wikinger aufzuhalten; daher setzten die Großen des Reichs ihn ab. Mit dem erwähnten Odo wurde 888 im Westfrankenreich zum ersten Mal ein Nichtkarolinger König.

Zuvor waren alle Bemühungen gescheitert, einzelne Anführer der Wikingerbanden in das fränkische Reich zu integrieren: Kaiser Ludwig der Fromme gab 826 dem Dänen Harald Klak, der bereit war, das Christentum anzunehmen, Land in Friesland und wurde sein Taufpate; doch dieser erwies sich als wenig zuverlässig und unterstützte 833/34 die Rebellion von Ludwigs Sohn Lothar. Auch das Abkommen Lothars mit dem Wikinger Rorik, der 850 das friesische Handelszentrum Dorestad erhielt, war nur von kurzer Dauer. Ähnlich erging es dem westfränkischen König Karl II. dem Kahlen (gest. 877), der dem Bretonenführer Salomon die Halbinsel Cotentin, den westlichsten Teil der späteren Normandie, abtrat und ihm sogar den Königstitel zugestand, um ihn zur Abwehr der Skandinavier zu bewegen. Ebenfalls erfolglos blieb der Versuch des ostfränkischen Herrschers Karls III., durch die Abtretung eines Teils von Friesland einen Wikingeranführer in das Reich zu integrieren, der nach der Taufe den Namen Gottfried annahm und 882 die Karolingerin Gisela heiratete.

Die Geburt der Normandie Mehr Glück hatte dagegen zu Beginn des 10. Jahrhunderts der westfränkische König Karl III. der Einfältige (gest. 929). Ihm gelang es, Rollo (Hrolfr/Rolf), den Anführer der Wikinger, die sich an der unteren Seine angesiedelt hatten, in sein Reich zu integrieren. Der Vertrag, der 911 in Saint-Clair-sur-Epte zwischen beiden geschlossen worden sein soll, gilt im modernen Rückblick als die Geburtsurkunde der Normandie. Überliefert ist er nur durch den Chronisten Dudo von Saint-Quentin (in der Picardie). Dessen lateinische Geschichte der Herzöge der Normandie entstand aber erst zwischen 994 und 1015 im Auftrag von Rollos Enkel, dem normannischen Herzog Richard I. (gest. 996).

Dudo erzählt, dass König Karl, um Frieden und Wohlstand in seinem Reich zu erhalten, keine andere Wahl geblieben sei, als mit Rollo, dem «Herzog der Heiden», ein Friedens-, Beistands- und Freundschaftsbündnis zu schließen. Dieses sei durch die Taufe des Wikingers, der den christlichen Namen Robert annahm, und seine Heirat mit der Königstocher Gisela besiegelt worden. Der Vermittler der Vereinbarung sei Erzbischof Franco von Rouen gewesen; an ihr habe auch Herzog Robert von *Francia* teilgenommen. Karl habe Rollo das Land von der Epte, die circa 90 km südöstlich von Rouen in die Seine fließt, bis zum Meer sowie die gesamte Bretagne übergeben; dieser habe seine Hände in die des Königs gelegt.

Der vom christlichen Bildungskanon geprägte Dudo verfügte als Kaplan und Kanzleibeamter Herzog Richards II. (1011 ist er als *capellanus* und 1015 als *cancellarius* bezeugt) zwar über gute Informationen, doch moderne Historiker haben seiner Darstellung wenig Glauben geschenkt, da Rollo noch nicht den Herzogstitel führte; das tat erst sein Enkel Richard I. Auch war Robert von *Francia* (gest. 923) nicht Herzog – das war erst sein Sohn Hugo der Große, gest. 956 –, sondern nur Markgraf von Neustrien, dem Gebiet zwischen Seine und Loire. Das lehnsrechtliche Ritual, bei dem der Lehnsmann seine Hände in die seines Lehnsherrn legte, ist zudem ein Brauch, der erst später aufkam. Und auch die Nachricht über Rollos Ehe mit einer Tochter König Karls und die Vergabe der Bretagne an ihn schienen Erfindungen des Chronisten zu sein.

Zweifellos ist der sogenannte Akt von Saint-Claire-sur-Epte eine literarische Fiktion Dudos, mit der dem normannischen Herzogtum aus der Rückschau ein «programmatischer Gründungsakt» geliefert wurde (van Eickels). Andererseits hat Pierre Bauduin (2004) gezeigt, dass an Dudos Geschichte bei Weitem nicht alles erfunden ist: Rollo wurde tatsächlich ein Vasall des fränkischen Königs, auch wenn er die Normandie nicht als Lehen, sondern als Eigentum erhielt. Sein Freundschafts- und Heiratsbündnis mit Karl sowie seine Konversion zum Christentum sind ebenfalls keine Erfindungen des Geschichtsschreibers, auch wenn die 911 vereinbarte Ehe mit der damals erst drei- oder vierjährigen Königstochter nicht zustande kam. Was Dudo verschweigt, ist die Tatsache, dass Rollo sich schon lange vor 911, vermutlich um 876, an der unteren Seine niedergelassen und dort enge Verbindungen mit führenden fränkischen Adelsfamilien geknüpft hatte. Um 890 heiratete er Popa, eine Tochter des Grafen Berengar von Bayeux aus dem Geschlecht der Unruochinger, dessen prominentestes Mitglied, der Markgraf Berengar I. von Friaul (gest. 924), im Jahre 888 König von Italien und 915 sogar römischer Kaiser wurde. Aus Rollos Ehe mit Popa gingen ein Sohn, Wilhelm, und eine Tochter hervor, die zuerst Gerloc genannt wurde, dann aber den christlichen Namen Adele erhielt.

Karl der Einfältige überließ also die Grafschaft Rouen nicht einem heidnischen Neuankömmling, sondern einem Wikinger, der hier bereits seit 35 Jahren ansässig gewesen war und begonnen hatte, sich in die fränkische Führungsschicht zu integrieren. Das von Rollo beherrschte Gebiet wurde von den Flüssen Bresle, Epte und Avre begrenzt und war etwas kleiner als die auf die Spätantike zurückgehende Kirchenprovinz Rouen. Hier verwandelten sich die heidnischen Skandinavier langsam in christliche, romanisierte Normannen, ähnlich wie aus den Wikingern, die sich im Gebiet von Novgorod und Kiev ansiedelten, slavisierte *Rus'* (Russen) wurden.

Ein neues Volk: die Normannen Damit sind wir bei der schwierigen Frage der sogenannten Ethnogenese (Volksbildung) der Normannen. Im ethnischen Sinne versteht man unter Volk die Gesamtheit von Menschen mit gleicher Sprache, Kultur und Abstammung. Im 19. Jahrhundert stellte man sich Völker als naturwüchsige Einheiten vor, als biologische Abstammungsgemeinschaften. Das führte zu völkischen Rassentheorien, die sich im 20. Jahrhundert der Nationalsozialismus zu eigen gemacht hat. Heute sind sich die Historiker einig, dass Völker nicht exakt definierbar sind. Sie sind Konstrukte, d. h. imaginäre Gemeinschaften, die auf Vorstellungen bestimmter Eigenheiten beruhen, mit denen sich ein Volk definiert und von anderen abgrenzt. Im frühen Mittelalter, das durch Migrations- und Integrationsprozesse gekennzeichnet war, trugen Erzählungen von berühmten Vorfahren, sogenannte Abstammungsmythen, dazu bei, dass ein Volk eine konkrete Identität annahm.

Der bereits erwähnte Dudo von Saint-Quentin beschaffte den Normannen illustre Vorfahren. Das berühmteste Migrantenvolk waren die Trojaner Homers, von denen, wie Dudo gelesen hatte, die Römer und die Franken ihre Herkunft ableiteten. Hinter diesen durften die Normannen aus Sicht des Geschichtsschreibers nicht zurückstehen. Dudos Argumentation war einfach und verwegen zugleich: Da die Normannen aus Dänemark, lateinisch *Dacia* genannt, kamen, wo sich der gotische Stamm der Dänen (*Dani*) niedergelassen hatte, mussten sie Nachfahren des Trojaners Antenor sein, der König von *Dacia* gewesen war.

Ein Volk wurden die Normannen erst, als sich die in Nordfrankreich ansässig gewordenen Skandinavier mit den von Galliern, Römern, Bretonen und Franken abstammenden Einheimischen vermischten und ihre Religion und Sprache annahmen. Dass die skandinavischen Migranten hauptsächlich Männer waren, erleichterte die Assimilierung ihrer Nachkommen. Die Ethnogenese der Normannen und die Bildung der Normandie als Region zogen sich über mehrere Generationen hin und waren schließlich um das Jahr 1000, als zum ersten Mal der Name Normandie auftaucht, so gut wie abgeschlossen.

Etwa um dieselbe Zeit vereinte Fürst Vladimir (978–1015) aus dem von dem Wikinger Rurik begründeten Geschlecht der Rurikiden die Reiche von Novgorod und Kiev, mit Letzterem als Hauptstadt. Aus Schweden stammende Skandinavier, vorwiegend Händler, die aber auch gut die Waffen zu führen verstanden, hatten sich im 9. und 10. Jahrhundert zwischen Finnischem Meerbusen, Schwarzem und Kaspischem Meer niedergelassen und mit der einheimischen slavischen Bevölkerung vermischt. Die Slaven nannten sowohl die skandinavischen Migranten, die aufgrund ihres Reichtums und ihrer Schlagkraft bald die Oberhand gewannen, als auch das von ihnen beherrschte Gebiet *Rus'*, woraus später der Name Russland entstand.

Die *Rus'* trieben Handel mit dem byzantinischen Kaiserreich. Als man in Konstantinopel, das permanent unter Mangel an Soldaten litt, militärische Hilfe benötigte, schickte Vladimir 6000 Krieger. Entscheidend für die Zukunft war die Konversion des noch keiner monotheistischen Religion angehörenden Rurikiden zum Christentum und Vladimirs Heirat mit einer byzantinischen Prinzessin. Dadurch wurde der griechisch-byzantinischen Kultur und Religion das Tor in das spätere Russland geöffnet. So wie die Wikinger sich in der Normandie romanisierten und zu Normannen wurden, slavisierten sich die skandinavischen *Rus'*. Vladimirs Entscheidung für das griechisch-orthodoxe Christentum – er soll zunächst auch eine Konversion zum Islam nicht ausgeschlossen haben – war von weltgeschichtlicher Bedeutung. Fantasievolle moderne Historiker haben sich vorgestellt, was hätte geschehen können, wenn die *Rus'* den Islam angenommen hätten: eine islamische Umkreisung des christlichen Mitteleuropa von Süden, Osten und sogar von Norden, wenn die Lehre des Propheten Mohammed sich dort ausgebreitet hätte …

Ein schwieriger Anfang Doch zurück zur Normandie: Unter Rollo (gest. ca. 927/30) und seinem Sohn und Nachfolger Wilhelm Langschwert (gest. 942) dehnten die allmählich zu Normannen werdenden Skandinavier ihren Herrschaftsbereich auf das gesamte Gebiet aus, das von ihnen den Namen Normandie erhielt. Im Westen reichte es bis zum Fluss Couesnon, der die Grenze zur Bretagne bildete. Der aus Angst vor den heidnischen Wikingern geflohene Bischof und sein Klerus kehrten nach Rollos Taufe nach Rouen zurück, das seine auf die Römerzeit zurückgehende Rolle als politisches und kirchliches Zentrum der Region behauptete. Die in der Merowinger- und Karolingerzeit gegründeten Klöster, die ein beliebtes Ziel der skandinavischen Plünderer gewesen waren, wurden wiederhergestellt. Die Geistlichen halfen den neuen Herren, sich zu etablieren.

Die Anpassung an ihre christlich-fränkische Umgebung spiegelt sich in den Namen der ersten Normannenführer wider: Rollo nannte sich nach seiner Konversion Robert – nach seinem Taufpaten Markgraf Robert von Neustrien; sein Sohn Wilhelm Langschwert nahm den Namen seines Paten Herzog Wilhelm I. von Aquitanien, des Gründers der berühmten burgundischen Benediktinerabtei Cluny, an, und Rollos Enkel Richard I. den des gleichnamigen Herzogs von Burgund, der sein Pate war. Die Integrationspolitik der normannischen Grafen- bzw. Herzogsfamilie, zu der auch Wilhelm Langschwerts Heirat mit Lietgart, der Tochter des Grafen Herbert II. von Vermandois, und die seiner Schwester Adele mit Herzog Wilhelm III. von Aquitanien beitrugen, wurde jedoch von vielen der immer noch zahlreichen skandinavischen Neueinwanderer abgelehnt. So kam es 933/34 zu einem Aufstand gegen Wilhelm Langschwert, den dieser aber niederschlagen konnte.

Wie schwer Wilhelm es hatte, sich einen Platz in der guten Gesellschaft der fränkischen Fürsten zu sichern, die von dem nordischen Parvenü nicht gerade begeistert waren, zeigt eine Geschichte, die Richer, ein Mönch aus dem Kloster von Saint-

Remi bei Reims (gest. 995), in seinen *Historiae* erzählte. Obwohl Wilhelm in den Annalen Flodoards von Reims (gest. 966), die Richer als Grundlage für seine Erzählungen benutzte, «Fürst der Normannen» (*princeps Nordmannorum*) genannt wird, bezeichnet Richer ihn abschätzig als «Anführer/Herzog der Piraten» (*dux piratarum*). Um das Jahr 940 sollen sich der westfränkische König Ludwig IV. und sein ostfränkischer Kollege Otto I. getroffen haben; unter den eingeladenen Fürsten sei auch der «Piratenherzog» gewesen. Dieser, so die Erzählung Richers, sei allerdings ausgeschlossen worden, als man sich zu wichtigen Beratungen zurückzog. Wutentbrannt habe der Normanne daraufhin die Tür des Sitzungssaals aufgebrochen und sich mit Gewalt Einlass verschafft. Notgedrungen hätten die hohen Herren gute Miene zum bösen Spiel gemacht, sich später jedoch blutig gerächt.

Ob sich die von Richer erzählte Episode wirklich so zugetragen hat, ist höchst zweifelhaft. Sie veranschaulicht aber die Schwierigkeiten des Normannenführers, in die Gemeinschaft der fränkischen Fürsten aufgenommen zu werden. Tatsache ist, dass wenig später (942) Männer des Grafen Arnulf I. von Flandern, der an der erwähnten Versammlung teilgenommen hatte, Wilhelm ermordeten. Für den westfränkischen König Ludwig IV. war dies eine gute Gelegenheit, seine Macht zur Geltung zu bringen. Er zog nach Rouen und verlieh Wilhelms erst zehnjährigem, also noch unmündigem Sohn Richard die Normandie, behielt den Knaben allerdings unter seiner Kontrolle am Königshof. Als neu eingetroffene Skandinavier die Christianisierung der Region in Frage stellten, indem sie die alten heidnischen Kulte wiederbelebten, griff der König ein; er besiegte sie 943 in einer Schlacht, in der ihre Anführer den Tod fanden. Ludwigs Versuch, die Normandie von Rouen aus direkt zu regieren, stieß jedoch auf zunehmenden Widerstand der Normannen. Diese nahmen den König schließlich gefangen und lieferten ihn 945 an seinen Gegenspieler Hugo den Großen, Herzog von *Francia*, aus.

Die Selbständigkeit der Normandie war wiederhergestellt, während das ohnehin schwache westfränkische Königtum infolge des unerwarteten Todes Ludwigs IV. 954 im Alter von nur 33 Jahren eine schwere Krise durchmachte. Als zwei Jahre später auch der mächtige Hugo der Große starb, festigte der inzwischen erwachsene Richard I., der Enkel Rollos, seine Herrschaft. Ihm gelang es, die in den vergangenen Jahrzehnten in mehreren Wellen in die Normandie eingewanderten Skandinavier zum Übertritt zum Christentum und so zur Integration zu bewegen.

2. Das Herzogtum Normandie

Richard I. wurde, ebenso wie sein Vater, von dem bereits erwähnten Chronisten Flodoard von Reims als «Fürst der Normannen» bezeichnet, scheint sich aber in Wirklichkeit zunächst mit dem Grafen- oder Markgrafentitel begnügt zu haben. Er legte sich den höheren Titel eines Herzogs erst zu, als die westfränkische Krone im Jahre 987 endgültig von der Karolingerdynastie auf die Robertiner (so genannt nach dem erwähnten Robert, dem Markgrafen von Neustrien und Taufpaten Rollos) überging, die künftig nach Hugo Capet (987–996) Kapetinger genannt wurden und bis 1848 die französischen Könige stellten. Wann dies genau geschah, wissen wir nicht; die ältesten Dokumente, in denen Richard I. Herzog genannt wird, sind spätere Fälschungen. Die erste erhaltene echte Urkunde, in der ein «Herzog der Normandie» bezeugt ist, stammt aus dem Jahr 1006, als sein Sohn Richard II. (996–1026) bereits die Nachfolge angetreten hatte. Es gab allerdings damals noch keine genaue Abgrenzung der Titel Graf, Markgraf, Fürst und Herzog. Man geht in der Forschung davon aus, dass wahrscheinlich auch Richard I. bereits gegen Ende des 10. Jahrhunderts gelegentlich den Herzogstitel führte.

Religiöse Legitimation und erfolgreiche Integration Um das Jahr 1000 war das Herzogtum Normandie eine Realität. Eine neue Region und ein neues Volk waren entstanden. Bei der Transformation der Wikinger zu Normannen spielte die römisch-lateinische Kirche, die einen Großteil der antiken Kultur in das Mittelalter rettete, eine wichtige Rolle. Der erste Geschichtsschreiber und sozusagen ideologische Geburtshelfer der Normandie war bezeichnenderweise ein Geistlicher: der bereits erwähnte Dudo von Saint-Quentin.

Nicht alle Kirchenmänner waren sogleich bereit, den Wikingersprösslingen bei ihrer Integration behilflich zu sein. Als Richard I. den Abt von Cluny bat, ihm Mönche zur Verfügung zu stellen, die das religiöse und kulturelle Niveau der Klöster in der Normandie verbessern sollten, soll er barsch abgewiesen worden sein: Mit einem «Piratenhäuptling» (*dux piratarum*) wolle man nichts zu tun haben! Doch langsam sprach sich herum, dass aus den skandinavischen Piraten inzwischen gute Christen geworden waren, die Kirchen und Klöster großzügig unterstützten. Richard I. gelang es zwar nicht, Mönche aus Cluny anzusiedeln, aber immerhin solche aus der Abtei Saint-Cyprien in Poitiers, die in das frisch restaurierte Kloster Jumièges einzogen. Bereits 940 hatte sein Vater Wilhelm Langschwert den Abt von Saint-Cyprien gebeten, Jumièges im Sinne der cluniazensischen Reform zu erneuern, doch sein früher Tod hatte die Realisierung dieses Wunsches verhindert.

Eine umfassende Erneuerung des kirchlichen und kulturellen Lebens in der Normandie begann erst, als der aus Norditalien gebürtige Wilhelm von Volpiano (gest. 1031) hier eintraf. Er hatte die blühende monastische Kultur Clunys, wo er zum Priester geweiht worden war, kennengelernt und verschiedene Klöster in Frankreich und Norditalien reformiert. Seit 990 Abt von Saint-Benigne in Dijon, folgte Wilhelm im Jahre 1001 dem Ruf Herzog Richards II., mit einigen seiner Mönche in die Normandie zu kommen. Seine erste Aufgabe war die Umwandlung des von Richard I. als Grablege der Herzogsfamilie gegründeten Chorherrenstifts Sainte-Trinité in Fécamp in eine Benediktinerabtei. Ihre Leitung übernahm Wilhelm persönlich. In den folgenden drei Jahrzehnten reformierte der Abt auf Wunsch des Herzogs die wichtigsten Klöster der Normandie.

Diese Reform betraf sowohl die Formen des religiösen Lebens wie die Liturgie, auf die in Cluny besonders großen Wert gelegt wurde, als auch die intellektuelle Ausbildung der Mönche und Weltgeistlichen, die das hohe Niveau Burgunds und Norditaliens erreichen sollte. Verbessert wurde ferner die landwirtschaftliche Nutzung des umfangreichen Kirchenguts. Die Mönche kümmerten sich außerdem um das leibliche Wohl der dort lebenden Bevölkerung. Durch soziale und medizinische Unterstützung brachten sie ihr indirekt die Botschaft des Evangeliums näher. Wie die von Cluny abhängigen Klöster sollten die von Wilhelm reformierten Abteien dem Ideal der *libertas ecclesiae* (Freiheit der Kirche) entsprechen; sie sollten frei sein sowohl vom Einfluss des weltlichen Adels, der sie bisher kontrolliert hatte, als auch von dem der Bischöfe, die meist aus dem Adel stammten. Obwohl Wilhelm selbst zeitweise mehrere Klöster gleichzeitig leitete (neben Fécamp auch Saint-Ouen in Rouen sowie Mont-Saint-Michel), blieb die Autonomie der einzelnen Abteien gewahrt.

Die Romanisierung der Normannen, die ihrer Christianisierung folgte, begann im Osten des Herzogtums bereits um die Mitte des 10. Jahrhunderts, im Westen, wo bis etwa 966 immer noch Skandinavier einwanderten, einige Jahrzehnte später. Der Aufenthalt eines skandinavischen Skalden (Dichter und Sänger) am Herzogshof in Rouen ist zum letzten Mal 1021 belegt. Während die ersten Generationen der Normannen noch zweisprachig waren, sprachen die folgenden nur noch altfranzösisch.

Die Stärkung des Herzogtums Unter Richard II., der ein Freund und Verbündeter des französischen Königs Robert II. (996–1031) war, konsolidierte sich das Herzogtum Normandie. Dazu trugen politisch motivierte Ehen bei: Richard heiratete eine Schwester Gottfrieds, des Herzogs der Bretagne (gest. 1028), und dieser vermählte sich wiederum mit einer Schwester des normannischen Herzogs. Als Gottfried auf einer Pilgerfahrt nach Rom starb, wurde Richard Vormund seiner minderjährigen Söhne und kontrollierte so zusätzlich die Bretagne. Noch folgenreicher erwies sich die Heirat einer anderen Schwester Richards namens Emma mit König Ethelred II. von England (gest. 1016), der sich zeitweilig ins Exil in die Normandie begeben musste. Als sein Nachfolger, König Eduard, 1066 kinderlos starb, öffnete sich für Richards Enkel Wilhelm der Weg zur englischen Krone (s. Tafel S. 26).

Ein zeitgenössischer Chronist, der Mönch Rudolf Glaber aus Cluny, zeichnete um 1030 ein Idealbild der Normandie:

> Die Herzöge übertrafen alle durch militärische Stärke, den Wunsch nach allgemeinem Frieden und Freigebigkeit. Das Land, das sie beherrschten, lebte wie eine einzige Sippe oder Familie vereint in Harmonie und stabilem Frieden. Ein Normanne, der in einem Geschäft mehr verlangte als rechtens war oder eine Ware unkorrekt anpries, wurde als Dieb oder Räuber angesehen. Die Herzöge kümmerten sich um die Bedürftigen, Armen und Pilger, so wie es Väter mit ihren Söhnen tun. Sie bedachten die Kirchen fast der ganzen Welt mit großzügigen Geschenken.

Da der Autor durch die Förderung der Kirchen und Klöster im Herzogtum Normandie voreingenommen war, übertrieb er sicher die Bedeutung der Herzöge als Garanten von Frieden, Recht und Ordnung. Unbestritten ist aber, dass in der Normandie unter Richard II. eine für die damaligen Verhältnisse in Frankreich, die durch Übergriffe des Adels auf Bevölkerung und Kirchen gekennzeichnet waren, beachtenswerte allgemeine Sicherheit herrschte. Dies lag auch daran, dass der normannische Herzog die höchsten weltlichen und geistlichen Ämter mit seinen Verwandten besetzen konnte: Richards Bruder Malgerius wurde Graf von Corbeil, sein Halbbruder Wilhelm Graf von Eu, sein Bruder Robert Erzbischof von Rouen und gleichzeitig Graf von Évreux; zwei Söhne seines Onkels Raoul d'Ivry, Hugo und Johannes, wurden Bischöfe von Bayeux bzw. Avranches.

Eine Phase der Instabilität Die Stabilität mittelalterlicher Herrschaft hing stark von der Person des Herrschers ab. Dies zeigte sich in der Normandie, als nur ein Jahr nach dem Tod Richards II. sein Sohn und Nachfolger Richard III. 1027 plötzlich starb. Es ging das Gerücht um, er sei von seinem Bruder und Nachfolger Robert I. vergiftet worden. Der neue Herzog hatte erhebliche Schwierigkeiten, sich der Loyalität der normannischen Adelsfamilien zu versichern, und konnte sich nur mithilfe seines Onkels, des Erzbischofs Robert I. von Rouen (gest. 1037), allmählich durchsetzen.

Die politische Unsicherheit in der Normandie wuchs, als Herzog Robert 1035 auf einer Wallfahrt nach Jerusalem den Tod fand. Warum er eine solche damals lebensgefährliche Reise antrat, ist unklar. Vielleicht hatte ihn die Begeisterung angesteckt, mit der um 1033, aus Anlass der tausendjährigen Wiederkehr des Todes Christi, Massen von Pilgern aus Europa ins Heilige Land aufbrachen. Oder war es eine Bußwallfahrt, mit der er Sühne für ein schweres Vergehen, etwa den Mord an seinem Bruder, leisten wollte?

Jedenfalls ließ er nur einen unmündigen Nachfolger zurück, den sieben- oder achtjährigen Wilhelm. Dieser war zudem ein unehelicher Sohn aus einem Verhältnis mit der Tochter eines Gerbers, was ihm den abschätzigen Beinamen «der Bastard» einbrachte. Erst nach der Eroberung Englands (1066) wurde dieser Beiname in «der Eroberer» umgewandelt. Herzog Robert hatte vor seiner Abreise dafür gesorgt, dass seine Vasallen schworen, den kleinen Wilhelm als Nachfolger anzuerkennen. Vielleicht hatte er auch die notwendige Zustimmung seines Lehnsherrn, des Königs Heinrich I. von Frankreich (1031–60), eingeholt. Robert musste sich aber darüber im Klaren sein, dass das alles wenig nutzen würde, wenn er nicht lebend von der Wallfahrt heimkehren sollte. Nur ein erwachsener Herzog konnte erfolgreich herrschen.

Die Lage des jungen Wilhelm wurde immer prekärer, nachdem 1037 sein Großonkel Erzbischof Robert von Rouen gestorben war und wenige Jahre danach seine beiden Vormünder Graf Gilbert von Brionne und Herzog Alain von der Bretagne ermordet wurden. Nun musste er ernsthaft um sein Leben fürchten. Als sein Vetter Guido von Burgund 1047 Anspruch auf das Herzogsamt erhob und die Unterstützung vieler normannischer Adliger sowie des Grafen Gottfried Martell von Anjou fand, schien das Ende Wilhelms besiegelt. Dem nunmehr neunzehnjährigen Herzog gelang es jedoch, in der Schlacht von Val-ès-Dunes (unweit von Caen) mit Hilfe des französischen Königs Heinrich I. seine Gegner zu besiegen.

Politische Stabilisierung und christliche Durchdringung In den nächsten Jahren konnte Wilhelm seine Herrschaft im Süden bis nach Domfront ausdehnen und die Grenze durch Burgen sichern. Es handelte sich vorwiegend um sogenannte Motten (vom franz. motte), künstlich aufgeschüttete Hügel, die mit hölzernen Palisaden befestigt und durch einen Graben gesichert waren. Steinerne Befestigungen waren in der Normandie des 11. Jahrhunderts noch die Ausnahme. Der Herzog setzte es durch, dass ohne seine Zustimmung keine Burgen gebaut werden durften; die Festungen seiner Vasallen konnte er bei Bedarf beschlagnahmen. Zudem gelang es ihm, die mächtigsten normannischen Adligen an seinen Hof zu ziehen und in seine Politik einzubinden. Einige von ihnen, wie Wilhelm Fitz Osbern und Roger von Montgomery, sollten sich später in England als wertvolle Mitarbeiter erweisen. Andere Adlige, die nicht bereit waren, sich unterzuordnen, wurden gezwungen, das Land zu verlassen. Der vom Herzog verkündete sogenannte Gottesfrieden, nach dem es an bestimmten Tagen allen außer ihm selbst verboten war, die Waffen zu führen, schränkte die Handlungsfreiheit des Adels ein und erhöhte die Sicherheit der Bevölkerung.

Herzog Wilhelm konsolidierte seine Herrschaft weiter durch die Heirat mit Mathilde, einer Tochter des Grafen Balduin von Flandern (um 1050). Im Jahre 1051 besuchte er seinen Onkel König Eduard von England. Als Wilhelm sich schließlich mit dem mächtigen Grafen Gottfried Martell von Anjou verbündete, rief dies den Unmut des französischen Königs hervor. Die militärischen Auseinandersetzungen endeten aber in der Schlacht von Mortemer (1054) mit einem Sieg des normannischen Herzogs, was zum Niedergang der königlichen Autorität beitrug. Als König Heinrich I. 1060 starb, hinterließ er einen minderjährigen Nachfolger, dessen Vormundschaft Graf Balduin von Flandern, Wilhelms Schwiegervater, übernahm. So konnte Wilhelm sich in den folgenden Jahren ungestört dem Ausbau seines Herzogtums widmen.

Bis dahin war das im Osten der Normandie, der oberen Normandie (Haute Normandie), gelegene Rouen das unbestrittene Zentrum des Herzogtums gewesen. Um 1060 gründete Wilhelm in der westlichen unteren Normandie (Basse Normandie) die Stadt Caen, die zu einer Art zweiter Hauptstadt wurde. Hier ließ er ein benediktinisches Männerkloster (Saint-Étienne) errichten, das er zur Grablege seiner Familie bestimmte, während seine Gemahlin ein benediktinisches Frauenkloster (Sainte-Trinité) stiftete. Diese Gründungen besiegelten die Versöhnung mit Papst Nikolaus II., der nun Wilhelms Ehe mit Mathilde anerkannte, nachdem sein Vorgänger, Leo IX., sie wegen zu naher Verwandtschaft der Ehegatten für ungültig erklärt hatte.

In den nächsten Jahren schuf Wilhelm ein Netzwerk von Klöstern, das zur Integration von unterer und oberer Normandie beitrug: Im Jahre 1035 lagen acht der damals bestehenden zehn normannischen Abteien im Tal der Seine, also in der oberen Normandie; beim Tod Wilhelms (1087) gab es hingegen in der unteren Normandie vierundzwanzig Klöster, in der oberen Normandie nur sechzehn. Der Herzog förderte die Mönchsgemeinschaften, denn durch sie konnte sein Herzogtum am kulturellen Aufschwung Europas teilnehmen.

Im Gefolge Wilhelms von Volpiano, der in der Abtei Fécamp neben der Schule für die Mönche auch eine solche für Laien eingerichtet haben soll – damals eine Seltenheit –, kamen hochgebildete Geistliche ins Land: Johannes von Ravenna, ein Neffe Wilhelms, wurde 1028 dessen Nachfolger als Abt von Fécamp, ein Amt, das er fünfzig Jahre lang bekleidete. Er war ein angesehener Arzt und Theologe sowie ein umsichtiger Verwalter des Klosterbesitzes. Ein anderer Schüler Wilhelms, ein Italiener namens Suppo, wurde Abt von Mont-Saint-Michel (1033–48), dessen Bibliothek so berühmt wurde, dass einer der wenigen Kenner des Griechischen im westlichen Abendland, der Venezianer Anastasius, dort als Mönch eintrat.

Ebenfalls aus Italien kamen Intellektuelle ersten Ranges wie Lanfranc von Pavia, zunächst Prior in Le Bec-Hellouin, wo er Theologie lehrte und nebenher die Finanzen des Klosters in Ordnung brachte. Herzog Wilhelm ernannte ihn 1063 zum Abt von Saint-Étienne in Caen und machte ihn nach der Eroberung Englands zum Erzbischof von Canterbury. Lanfranc war auch ein erfolgreicher Diplomat, der dem Herzog das Wohlwollen der

Päpste verschaffte. Ein weiterer Norditaliener, Anselm von Aosta, ein hervorragender Theologe, Philosoph und Pädagoge, wurde Lanfrancs Nachfolger als Prior von Le Bec (1063), wo er 1078 Abt wurde, und folgte ihm später auf dem Erzbischofsstuhl von Canterbury (1093).

Die Mönche waren Experten in Theologie und Philosophie: Lanfranc und Anselm gelten als die Begründer der sogenannten Scholastik, die der Vernunft eine im mittelalterlichen Denken bisher unbekannte Rolle zugestand. Sie kannten sich aber auch in der Medizin, Literatur, Kirchenmusik und Architektur aus. Ihre mittelalterlichen Klosterbauten beeindrucken noch heute ebenso sehr wie die Kathedralen.

Der Herzog förderte die Kirche, weil sie die Stabilität seiner Herrschaft garantierte. Dafür duldeten die Päpste, ganz anders als etwa im römisch-deutschen Reich, weitgehende Eingriffe in Kirchenangelegenheiten. Da nur die Geistlichen die lateinische Sprache beherrschten, in der damals alle Dokumente ausgestellt wurden, war ihre Mitarbeit bei der Verwaltung des Herzogtums unentbehrlich. Obwohl die Herzöge der Normandie theoretisch Vasallen des Königs von Frankreich waren, handelten sie in der Praxis selbständig und kontrollierten in ihrem Herrschaftsbereich Adel und Geistlichkeit. Diese starke Stellung ermöglichte es Herzog Wilhelm, nach dem kinderlosen Tod des mit ihm verwandten Königs von England (1066) seine Ansprüche auf den englischen Thron durchzusetzen.

Die ersten Herzöge der Normandie:

Rollo (Graf)	911 – ca. 927/933
Wilhelm Langschwert (Graf/Markgraf)	ca. 927–942
Richard I.	942–996
Richard II.	996–1026
Richard III.	1026–1027
Robert I.	1027–1035
Wilhelm der Eroberer (ab 1066 auch König v. England)	1035–1087

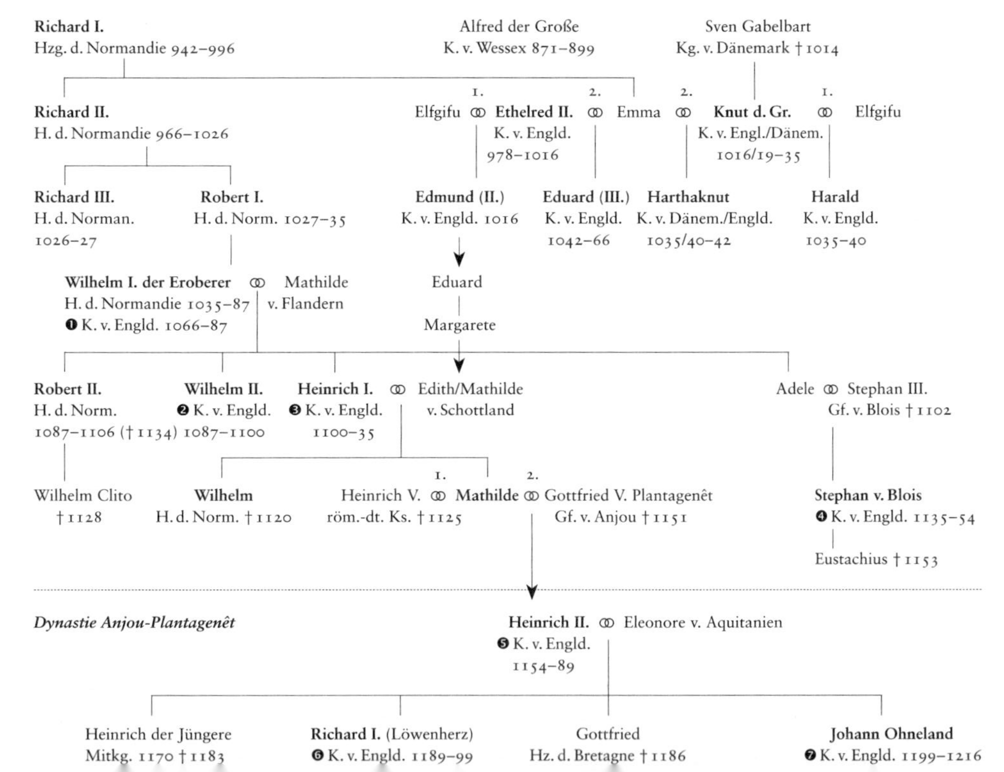
Herzöge der Normandie und Könige von England
Richard I.
Hzg. d. Normandie 942–996
Alfred der Große
K. v. Wessex 871–899
Sven Gabelbart
Kg. v. Dänemark † 1014
Richard II.
H. d. Normandie 966–1026
Elfgifu ⚭ 1. Ethelred II. ⚭ 2. Emma ⚭ 2. Knut d. Gr. ⚭ 1. Elfgifu
K. v. Engld. 978–1016
K. v. Engl./Dänem. 1016/19–35
Richard III.
H. d. Norman. 1026–27
Robert I.
H. d. Norm. 1027–35
Edmund (II.)
K. v. Engld. 1016
Eduard (III.)
K. v. Engld. 1042–66
Harthaknut
K. v. Dänem./Engld. 1035/40–42
Harald
K. v. Engld. 1035–40
Wilhelm I. der Eroberer ⚭ Mathilde v. Flandern
H. d. Normandie 1035–87
❶ K. v. Engld. 1066–87
Eduard
Margarete
Robert II.
H. d. Norm. 1087–1106 († 1134)
Wilhelm II.
❷ K. v. Engld. 1087–1100
Heinrich I. ⚭ Edith/Mathilde v. Schottland
❸ K. v. Engld. 1100–35
Adele ⚭ Stephan III.
Gf. v. Blois † 1102
Wilhelm Clito
† 1128
Wilhelm
H. d. Norm. † 1120
Heinrich V. ⚭ 1. Mathilde ⚭ 2. Gottfried V. Plantagenêt
röm.-dt. Ks. † 1125
Gf. v. Anjou † 1151
Stephan v. Blois
❹ K. v. Engld. 1135–54
Eustachius † 1153
Dynastie Anjou-Plantagenêt
Heinrich II. ⚭ Eleonore v. Aquitanien
❺ K. v. Engld. 1154–89
Heinrich der Jüngere
Mitkg. 1170 † 1183
Richard I. (Löwenherz)
❻ K. v. Engld. 1189–99
Gottfried
Hz. d. Bretagne † 1186
Johann Ohneland
❼ K. v. Engld. 1199–1216

II. Der Sprung über den Kanal

1. Die normannische Eroberung Englands

Das Jahr 1066 ist von epochaler Bedeutung für die Geschichte Englands: Mit der Schlacht von Hastings, in der König Harald von Wessex gegen den normannischen Herzog Wilhelm den Eroberer Leben und Thron verlor, endete die angelsächsische Epoche Englands (5.–11. Jahrhundert). Unter dem neuen normannischen König und seinen Nachfolgern wurde das Land von Herrschern regiert, die aus Frankreich stammten. Als mit Heinrich II. 1154 die aus dem Anjou gebürtige Dynastie der Plantagenêts, die durch Heirat das südfranzösische Herzogtum Aquitanien an sich gebracht hatte, auf den englischen Thron gelangte, ergab sich eine folgenreiche Situation: Nun herrschte der König von England auch über zwei Drittel Frankreichs, deren Lehnsherr der französische König war. Daraus entstanden Konflikte, die schließlich zum sogenannten Hundertjährigen Krieg (ca. 1337–1453) zwischen England und Frankreich führten. Am Ende verloren die englischen Könige so gut wie alle ihre Besitzungen auf dem Festland.

England vor 1066 Doch werfen wir zunächst einen Blick auf die Situation vor 1066: Der Ärmelkanal, der England von Frankreich trennt, war selbst bei den beschränkten Reise- und Transportmöglichkeiten des Mittelalters keine unüberwindbare Grenze. Dies galt besonders für die Wikinger, die auf dem Meer zu Hause waren. Die im 6.–7. Jahrhundert christianisierte britische Insel war aufgrund ihrer Nähe zu Skandinavien bereits seit dem Ende des 8. Jahrhunderts das Ziel nordischer Piraten, die es vor allem auf die Schätze der wehrlosen Benediktinerabteien abgesehen hatten. Die Herrscher der sieben kleinen angelsächsischen Königreiche, in die England geteilt war, leisteten kaum Widerstand. Lediglich dem König von Wessex, Alfred dem Großen (871–899), gelang 878 in der Schlacht von Edington ein

Sieg über das skandinavische Heer. Der angelsächsische König war jedoch gezwungen, den Wikingern, die in den englischen Quellen als Dänen bezeichnet werden, den Norden und Osten Englands zu überlassen. Das Gebiet, in dem sie nun ansässig wurden, nannte man seit dem 10. Jahrhundert *Danelaw* oder *Danelag* (dänischer Rechtsbereich).

Die Wikinger des *Danelag* und weitere neu ankommende Skandinavier unternahmen häufig Raubzüge in andere Gebiete Englands. Wie seinerzeit die Frankenherrscher konnten auch die englischen Könige den Abzug der Plünderer nur durch die Zahlung hoher Geldsummen erreichen. Die Forderungen der Wikinger stiegen immer mehr: von 10 000 Pfund Silber im Jahr 991 auf angeblich 48 000 Pfund im Jahr 1012. König Alfreds Ururenkel, Ethelred II. (978–1016) – später wegen seiner schlechten Ratgeber, auf die er gehört habe, *Unraed* (der Unberatene) genannt –, verschlimmerte die Lage durch unüberlegte Aktionen. Er befahl 1002, die in England lebenden «Dänen» umzubringen. Damit provozierte er das Eingreifen des dänischen Königs Sven Gabelbart, der nun seine bisherigen Raubzüge in einen Krieg zur Eroberung Englands ausweitete. Als 1013 auch London in dänische Hand fiel, floh der englische König in die Normandie.

Ethelred hatte 991 ein Abkommen mit dem Normannenherzog Richard I. geschlossen. Dadurch hoffte er, die Raubzüge der Wikinger, die über Stützpunkte an der normannischen Küste verfügten, zu verhindern. Die Auswirkungen dieses Abkommens scheinen aber gering gewesen zu sein. Ethelreds Verbindungen zur Normandie wurden erst enger, als er 1002 Richards Tochter Emma heiratete (s. Tafel S. 26). Diese gebar ihm zwei Söhne, Eduard (den späteren König von England) und Alfred. Nach dem Tod Sven Gabelbarts 1014 kehrte Ethelred mit Edmund, seinem Sohn aus einer ersten Ehe mit der Angelsächsin Elfgifu, nach England zurück, wo er 1016 starb. Inzwischen war auch Svens Sohn Knut nach England gekommen und beanspruchte ebenfalls die Herrschaft. Schließlich fand man einen Kompromiss: Edmund wurde König von Wessex, Knut erhielt den vorwiegend von «Dänen» besiedelten Norden und Osten

Englands. Doch als nur wenige Monate später Edmund starb, fiel Knut die Herrschaft über ganz England zu.

Knut wurde später der Große genannt, weil es ihm in den nächsten Jahren gelang, ein angelsächsisch-skandinavisches Großreich zu schaffen, das neben England auch Dänemark (ab 1020) und Norwegen (ab 1030) umfasste. Es handelte sich aber um kein Staatswesen mit gemeinsamen Strukturen, sondern um eigenständige Königreiche, über die Knut in Personalunion herrschte. Knut war ein christlicher König, der eng mit der Kirche zusammenarbeitete. Er kann also eigentlich nicht mehr als Wikinger bezeichnet werden. Die Christianisierung Dänemarks hatte bereits um 965 mit der Taufe seines Großvaters König Harald Blauzahn begonnen. Durch seine Heirat mit der Witwe Ethelreds, der Normannin Emma, 1017 stellte sich Knut in die Tradition der angelsächsischen Könige. So verhinderte er auch, dass Emmas Bruder, der Normannenherzog Richard II., zugunsten der Söhne aus Emmas erster Ehe mit Ethelred in England eingriff.

Seine wohl als Pilgerfahrt konzipierte Romreise (1027/28) gab Knut die Gelegenheit, an der Kaiserkrönung Konrads II. teilzunehmen. Damit trat er in den Kreis der christlichen Herrscher Europas. Doch nach seinem Tod 1035 zeigte sich, dass die von ihm begründete Dynastie in England auf schwachen Füßen stand: Harald, Knuts Sohn aus seiner ersten Ehe mit der Angelsächsin Elfgifu (nicht zu verwechseln mit der gleichnamigen Frau Ethelreds, s. Tafel S. 26), wegen seiner Schnelligkeit und Geschicklichkeit bei der Jagd *Harefoot* (Hasenfuß) genannt, bestritt die Nachfolge von Harthaknut, dem Sohn Knuts aus seiner Ehe mit Emma. 1037 ließ Harald sich zum König von England krönen. Erst als er 1040 starb, wendete sich das Blatt zugunsten Harthaknuts, der jedoch ebenfalls bald den Tod fand (1042).

Das Ende der angelsächsischen Monarchie Harthaknut wurde während seiner kurzen Herrschaftszeit von seiner Mutter Emma und seinen Halbbrüdern Eduard und Alfred unterstützt. 1041 rief er Eduard an den Hof und bot ihm die Mitherrschaft über

England an. Dieser wurde nach dem Tod Harthaknuts ohne Schwierigkeiten als König von England anerkannt. Der in der Normandie aufgewachsene Eduard war allerdings auf die angelsächsisch-skandinavische Aristokratie angewiesen. Um sich ihre Unterstützung zu sichern, heiratete er 1054 Edith, die Tochter des mächtigen Godwin, Earl (Graf) von Wessex.

Mit Eduard kamen zahlreiche Normannen ins Land. Sein Neffe Ralf, Graf von Vexin, wurde Earl von Hereford, Abt Robert von Jumièges zunächst Bischof von London (1046) und dann Erzbischof von Canterbury (1051). Solche raschen Karrieren riefen jedoch den Widerstand der Einheimischen hervor. So besonders in Canterbury, wo vor der Berufung Roberts, dessen Reformideen man ablehnte, ein Verwandter Godwins zum Erzbischof gewählt worden war. Eduard bestand aber auf seiner normannenfreundlichen Haltung und besiegelte den Bruch mit dem angelsächsisch-skandinavischen Hochadel durch die Abschiebung seiner Frau Edith in ein Kloster. Als Godwin von Wessex daraufhin offenen Widerstand leistete, zwang Eduard ihn und seine Söhne, ins Exil zu gehen.

Eduards Erfolg war indes nur von kurzer Dauer. Godwin kehrte bereits im Sommer 1052 mit einem Heer zurück. Jetzt änderte sich die Lage grundlegend: König Eduard musste auf der ganzen Linie nachgeben. Der Earl von Wessex und seine Söhne wurden rehabilitiert, Edith aus dem Kloster an den Hof zurückgeholt. Einige besonders unbeliebte Normannen wie Robert von Jumièges mussten das Land verlassen. Nach Godwins Tod 1053 erhielten seine Söhne große Teile Englands: Harald wurde Earl von Wessex, Tostig Earl von Northumbria und Gyrth Earl von Ostanglien. Zusammen verfügten sie über eine stärkere Hausmacht als der König.

Vor dieser Wende von 1052 beabsichtigte der kinderlose Eduard vermutlich den mit ihm verwandten normannischen Herzog Wilhelm, der ihn 1051 in England besucht hatte, als Erben einzusetzen. Doch angesichts der veränderten Umstände entschied er sich dann für Harald von Wessex, soweit dies aufgrund der teilweise widersprüchlichen Aussagen der normannischen und englischen Chronisten zu erkennen ist. Bei einem Besuch in der

Normandie (1064) soll Harald – so die Version der normannischen Quellen – Wilhelm versprochen haben, ihn als Nachfolger Eduards anzuerkennen. Ob dies wirklich so war, bleibt unklar. Auf jeden Fall wurde Harald nach dem Tod Eduards am 5. Januar 1066 in Westminster zum König gewählt und noch am Tag von Eduards Begräbnis, am 6. Januar 1066, gekrönt.

In dieser letzten Phase der angelsächsischen Geschichte Englands wurden die eingewanderten Skandinavier integriert, was durch seit langem bestehende enge Beziehungen und gemeinsame kulturelle und sprachliche Traditionen erleichtert wurde. Die mit Eduard ins Land gekommenen Normannen, die mit ihren skandinavischen Vorfahren so gut wie nichts mehr gemeinsam hatten, wurden hingegen als Fremde empfunden, weil sie dem romanisch-französischen Kulturbereich angehörten.

Die normannische Invasion Neben dem sogleich nach Eduards Tod zum König von England gewählten und gekrönten Harald von Wessex gab es noch zwei andere Prätendenten auf die englische Krone, die beide mit Gewalt ihre Ansprüche durchsetzen wollten. Der eine war der Normannenherzog Wilhelm. Er berief sich darauf, dass der mit ihm verwandte König Eduard, ein Vetter seines Vaters, ihm seinerzeit die Thronfolge versprochen habe. Der andere war Harald Hardrada, König von Norwegen. Er machte geltend, dass Eduards Vorgänger Harthaknut seinen Vater, Magnus von Norwegen, zum Erben eingesetzt habe. Beide rüsteten ein Heer aus und bereiteten sich auf die Invasion Englands vor. Damit befand sich der neue englische König in einer Zwickmühle: Er musste mit Angriffen aus zwei Richtungen rechnen, einem normannischen aus dem Süden und einem norwegischen aus dem Nordosten.

Harald fürchtete zunächst eine Invasion aus der Normandie. Er vermutete, dass Herzog Wilhelm vom nördlich von Caen an der Mündung der Orne gelegenen Hafen Dives-sur-Mer auf direktem Wege nach England segeln würde. Daher verlegte er seine Flotte in die Nähe der Insel Wight, um hier die normannischen Schiffe aufzuhalten. Harald ließ außerdem die englische Küste von einem lokalen angelsächsischen Heeresaufgebot bewachen. Doch von Mai bis August 1066 wartete er vergeblich. Als die Normannen immer noch nicht zu sehen waren, entließ er am 8. September die lokalen Soldaten, damit sie die Ernte einbringen konnten. Seine Flotte, die Instandsetzungsarbeiten nötig hatte, ließ er in die Themse einlaufen.

Harald selbst begab sich mit seiner Elitetruppe, den *housecarls*, nach London. Hier erreichte ihn die Nachricht, der norwegische König, dem sich Haralds Bruder Tostig angeschlossen hatte, sei dabei, den Norden Englands anzugreifen. Harald stellte hastig ein Heer auf und führte es in Eilmärschen dorthin. Doch er kam zu spät und konnte nicht verhindern, dass die skandinavischen Invasoren am 20. September einen bedeutenden Sieg über die dort stationierten angelsächsischen Truppen errangen. Wenige Tage später, am 25. September 1066, hatte er mehr Glück: Bei Stamford Bridge (Yorkshire) gewann er eine blutige Schlacht, in der der norwegische König den Tod fand.

Indessen war die Südküste Englands ungeschützt: für Wilhelm die Gelegenheit, auf die er gewartet hatte. Der Normannenherzog hatte in den vergangenen Monaten nicht nur eine große Flotte und ein mächtiges Heer ausgerüstet. Er hatte sich auch um die Anerkennung seiner Ansprüche bei den höchsten weltlichen und geistlichen Autoritäten des damaligen Europa bemüht: zum einen beim römisch-deutschen und beim dänischen Königshof – der französische Hof spielte keine Rolle, denn der minderjährige König Philipp I. (geb. 1052) stand noch unter der Vormundschaft von Wilhelms Schwiegervater, Graf Balduin V. von Flandern; zum anderen beim Papst als der höchsten geistlichen Autorität der Christenheit. Papst Alexander II., ein Förderer der Kirchenreform, der stark unter dem Einfluss Hildebrands von Soana, des späteren Gregor VII., stand, gewährte Wilhelm die erwünschte Legitimation des Unternehmens und schickte ihm als symbolträchtiges Zeichen eine päpstliche Fahne. Da Fahnen auch bei der Einsetzung von Vasallen vergeben wurden, versuchten spätere Päpste, daraus eine lehnsherrschaftliche Oberhoheit über das Königreich England abzuleiten.

Wilhelm bereitete die normannische Invasion Englands, die auch eine logistische Herausforderung darstellte, sorgfältig vor. Er ließ eine Flotte bauen, Pferde, Waffen und Proviant besorgen sowie zur Verstärkung seines Heeres Soldaten aus anderen Gebieten Nordfrankreichs und Flandern anwerben. Während der englische König vergeblich auf der Insel Wight auf ihn wartete, zog Wilhelm mit seinen Soldaten und Schiffen im August von Dives-sur-Mer langsam an der Küste entlang nach Nordosten. Unterwegs verstärkte er die Truppe mit Männern, Schiffen und Proviant aus der oberen Normandie und nutzte die Zeit, um seine Soldaten und besonders die Kavallerie für die bevorstehenden Kämpfe zu trainieren. Nach einem Aufenthalt in Fécamp ging es weiter nach Saint-Valéry-sur-Somme, das bereits außerhalb des Herzogtums lag (s. Karte vordere Umschlaginnenseite).

Wegen angeblich andauernder ungünstiger Winde schob der Herzog die Überfahrt nach England immer wieder hinaus. Erst als die Nachrichten von Haralds schweren Kämpfen in Nordengland eintrafen, drehte der Wind plötzlich (was für ein Zufall!), und die normannische Flotte konnte den Kanal zügig überqueren. Die Normannen landeten am 28. September bei Pevensy in Sussex, wo die Mönche von Fécamp, von denen mindestens einer an der Expedition teilnahm, über Besitz verfügten und sich gut auskannten. Am folgenden Tag zog man ostwärts nach Hastings.

König Harald war gezwungen, sein Heer, das in der Schlacht von Stamford Bridge große Verluste erlitten hatte, von York in Eilmärschen nach Süden zu führen. Am 6. Oktober kam er in London an, wo er fünf Tage Halt machte und seine Truppen unter großem Zeitdruck verstärkte. Dann rückte er nach Hastings vor und bezog dort am Abend des 13. Oktober auf einem Hügel (später Battle Hill genannt) Stellung. Um den Normannen möglichst rasch entgegenzutreten, hatte Harald einen beachtlichen Teil seiner Bogenschützen, die beim Sieg von Stamford Bridge eine wichtige Rolle gespielt hatten, im Norden zurückgelassen und auf zusätzliche lokale angelsächsische Heeresaufgebote verzichtet.

Zahlenmäßig scheinen die Heere, die in der Schlacht von Hastings am 14. Oktober 1066 aufeinandertrafen, etwa gleich stark gewesen zu sein: vermutlich 7000 Soldaten auf beiden Seiten. Im Unterschied zu Haralds Truppen, die sich noch nicht von den Strapazen der Eilmärsche erholt hatten, ging das normannische Heer, in dem sich Kontingente von Bretonen und Flamen befanden, ausgeruht in den Kampf. Während die Angelsachsen auf traditionelle Weise zu Fuß mit Streitäxten und Speeren kämpften, setzte Wilhelm neben Infanterie und Bogenschützen auch circa 2000 schwer bewaffnete Ritter ein. Diesen Unterschied sieht man auch auf dem sogenannten Teppich von Bayeux. Es handelt sich um einen von Wilhelms Halbbruder, Bischof Odo von Bayeux, in Auftrag gegebenen Wandbehang für die dortige Kathedrale, auf dem die Vorgeschichte und der Verlauf der normannischen Eroberung Englands in Bildern dargestellt sind, die mit Beischriften erläutert werden (ähnlich einem modernen Comicstrip).

Die normannischen Ritter trugen ein bis über die Knie reichendes, aus Messingringen geknüpftes Kettenhemd (aus Platten geschmiedete Harnische kamen erst im späten Mittelalter auf) und einen Helm mit Nasenschutz, der Augen und Mund frei ließ (sogenannte Kübelhelme, die den ganzen Kopf einschlossen, gab es erst ab dem 13. Jahrhundert). Sie schützten sich weiter mit einem nach unten spitz zulaufenden mandelförmigen Schild. Für den Fall, dass sie zu Fuß kämpfen mussten, trugen sie ein Schwert. Hauptsächlich benutzten sie Lanzen, die wie Speere geschleudert werden konnten; wirksamer waren sie jedoch, wenn sie unter dem Arm eingelegt wurden. Auf diese Weise konnte der Ritter die Stoßkraft der Lanze in einem Punkt auf den Gegner konzentrieren. Diese im 11. Jahrhundert neue Technik setzte voraus, dass er fest im Sattel saß; dies wurde durch lange Steigbügel erreicht und durch Stützen, die vorne und hinten am Sattel angebracht waren.

Der Ausgang der Schlacht von Hastings war anfangs ungewiss: Den Normannen gelang es nicht, die dicht geschlossenen Reihen der Angelsachsen zu durchbrechen. Erst als Harald von einem Pfeil tödlich verwundet wurde, gewannen sie die Oberhand.

2. Das anglo-normannische Königreich

Der Aufbau Die Schlacht von Hastings war nicht nur wegen des Siegs der Normannen bedeutend, sondern auch deshalb, weil in ihr neben vielen angelsächsischen Adligen König Harald und zwei seiner Brüder den Tod fanden. Dadurch fehlten den Angelsachsen Anführer, die einen wirksamen Widerstand gegen die normannischen Eroberer hätten organisieren können. Wilhelm, den die Nachwelt mit Caesar verglich, weil er wie dieser den Sprung über den Kanal mit Erfolg gewagt hatte, verwüstete in den folgenden Wochen den Süden Englands. Bald unterwarfen sich die Stadt London sowie der angelsächsische Episkopat und Adel, der Geiseln stellen musste. Das englische Dreikönigsjahr 1066, das mit dem Tod König Eduards und der Nachfolge König Haralds begonnen hatte, endete mit der Krönung Wilhelms des Eroberers am Weihnachtstag.

Der normannische Eroberer legte Wert darauf, von der gesamten Bevölkerung als legitimer Nachfolger der angelsächsischen Herrscher anerkannt zu werden. Bei der Krönungszeremonie in der Westminster Abbey ließ er sich von Angelsachsen und Normannen jeweils in ihrer Sprache akklamieren. Zur nachträglichen Legitimation diente auch der bereits erwähnte Wandteppich von Bayeux, auf dem die Niederlage und der Tod König Haralds als Strafe Gottes dargestellt wurde, da er seinen Schwur, den von König Eduard ausgewählten Nachfolger Wilhelm anzuerkennen, gebrochen hatte. Die Angelsachsen sahen das natürlich anders. Doch wie so oft in der Geschichte setzte sich die Version des Siegers durch.

In wenigen Jahren konnte Wilhelm den Widerstand des einheimischen Adels, der von den Königen von Schottland und Dänemark unterstützt wurde, brechen. England wurde mit einem Netz von Burgen überzogen, teils in der traditionellen Form der Motten, teils mit hölzernen oder steinernen Turmanlagen. Sie ermöglichten es dem normannischen Adel, zu dem auch eingewanderte Bretonen, Flamen und Nordfranzosen gezählt wurden, das Land zu kontrollieren. Nach dem Frieden von Abernethy, in dem sich König Malcolm III. von Schottland dem Eroberer unterwarf und 1072 einen Treueid schwor, wurde die normannische Eroberung Englands nicht mehr in Frage gestellt. Es kam nun zu einem regelrechten Elitenaustausch: Die einheimischen Angelsachsen wurden fast vollständig aus dem Adel entfernt, und mit Unterstützung päpstlicher Legaten wurden die höchsten Ämter der englischen Landeskirche mit aus Nordfrankreich stammenden Personen besetzt.

Die Normannen eroberten ein Königreich, das eine für die damalige Zeit sehr effiziente Verwaltung besaß: Das Land war in Grafschaften unterteilt, in denen meist aus dem lokalen Adel stammende *sheriffs* als Vertreter des Königs fungierten. Die zentrale Institution des Königreichs war, wie anderswo im hochmittelalterlichen Europa auch, der aus der Umgebung des Herrschers bestehende Hof. Er folgte dem König, der ständig unterwegs war, als eine Art bewegliches Entscheidungs- und Verwaltungszentrum. Ein Charakteristikum der angelsächsischen Verwaltung war der für diese Zeit hohe Grad an Schriftlichkeit: Mithilfe einfacher, in altenglischer Sprache verfasster und besiegelter Schreiben, sogenannter *writs,* wandte sich der König direkt an lokale Amtsträger und andere Personen. Bemerkenswert sind die hohen Geldeinkünfte der englischen Krone in einer Epoche, in der sonst die Abgaben noch vorwiegend in Naturalien entrichtet wurden.

Obwohl auch das normannische Herzogtum über gute Verwaltungsstrukturen verfügte, war es nicht einfach, England und die Normandie gemeinsam zu regieren. Um seine Macht aufrechtzuerhalten, musste ein Herrscher persönliche Präsenz zeigen. Längere Abwesenheiten konnten Aufstände erleichtern, was Wilhelm der Eroberer mehrfach erfahren musste: Wenn er sich zu lange in England aufhielt, geriet die Lage in der Normandie außer Kontrolle und umgekehrt.

Seinem ältesten Sohn Robert, wegen seiner geringen Körpergröße Kurzhose genannt, übertrug Wilhelm die Herrschaft über die im Süden an die Normandie angrenzende Grafschaft Maine und schließlich auch über die Normandie. Doch Robert konnte sich ohne die Unterstützung seines Vaters nicht durchsetzen. Zudem lehnte er sich mehrfach gegen diesen auf, wobei er vom inzwischen volljährigen französischen König Philipp I. (gest. 1108) unterstützt wurde. Dem französischen König musste daran gelegen sein, den anglo-normannischen Herrscher in die Schranken zu weisen; er selbst herrschte nämlich nur über die relativ kleine Krondomäne zwischen Paris und Orléans, während er sich in anderen Gebieten Frankreichs damit begnügen musste, dass seine Oberhoheit formal anerkannt wurde. Es gelang Wilhelm zwar, einen letzten größeren Aufstand in England im Jahre 1075 niederzuschlagen, in der Normandie erlitt er jedoch 1079 eine empfindliche Niederlage gegen Robert und Philipp.

Der Konflikt mit seinem Sohn sowie gleichzeitige Angriffe des schottischen Königs Malcolm auf England schwächten die Stellung Wilhelms des Eroberers. Hinzu kamen Angriffe des mit dem französischen König verbündeten Grafen Fulco IV. von Anjou auf die Normandie. Im Jahre 1085 bereiteten Knut von Dänemark und Robert von Flandern sogar eine Invasion Englands vor; sie wurde allerdings nicht in die Tat umgesetzt. Erst 1087 konnte Wilhelm wieder in der Normandie eingreifen, wurde aber bei Kämpfen gegen den französischen König verwundet und starb kurz darauf in Rouen.

Im Jahr zuvor (1086) hatte Wilhelm eine umfassende, detaillierte Aufstellung der Besitzverhältnisse im Königreich England anlegen lassen. Sie wurde als so ungewöhnlich empfunden, dass man sie später *Domesday Book* (Buch des Jüngsten Gerichts) nannte. Dieses eindrucksvolle Zeugnis ermöglichte dem Herrscher eine genaue Kenntnis seiner materiellen Ressourcen. Dem modernen Historiker bietet es die Möglichkeit, für England bereits verhältnismäßig früh (im Vergleich zu anderen europäischen Monarchien) konkrete Angaben über Besitzverhältnisse und Bevölkerungszahlen in der Hand zu haben: Den rund 1 bis 1,5 Millionen einheimischen Engländern, die im auf Latein abgefassten *Domesday Book* als *Angli* bezeichnet werden, standen weniger als 25 000 hier *Franci* genannte Neuankömmlinge aus der Normandie und anderen Gegenden Frankreichs gegenüber, von denen rund 250 alle führenden Positionen in der Hand hatten. Nicht mehr als zehn von diesen, meist Verwandte Wilhelms, besaßen die Hälfte des Landes, der König selbst ein Fünftel und die Kirche den Rest. Man kann also für diese Zeit durchaus von einer Art kolonialer Fremdherrschaft der normannischen Eroberer über England sprechen.

Angesichts der Schwierigkeiten, die eine gemeinsame Regierung Englands und der Normandie mit sich brachten, beschloss Wilhelm am Ende seines Lebens, das anglo-normannische Reich unter seine Söhne (s. Tafel S. 26) aufzuteilen: Der erstgeborene Robert erhielt die Normandie und Maine, während England an seinen Bruder Wilhelm II. fiel, der wohl wegen seiner Haare *Rufus* (der Rote) genannt wurde. Der jüngste Sohn des Eroberers, Heinrich *Beauclerc* (schöner Kleriker) – ein späterer Beiname, der entweder darauf zurückgeht, dass er ursprünglich Geistlicher werden sollte, oder auf seine für einen Laien ungewöhnlich gute Bildung hinweist –, wurde mit 5000 Pfund Silber entschädigt. Diese Erbteilung sollte sich als wenig glücklich erweisen, denn abgesehen davon, dass keiner der Brüder mit dem ihm zugewiesenen Anteil zufrieden war, besaßen viele Adlige beiderseits des Kanals Lehen und Besitzungen. Damit dienten sie nun zwei Herren: Robert in der Normandie und Wilhelm II. in England. Loyalitätskonflikte wurden unvermeidlich, vor allem wenn es zum Streit zwischen den Brüdern kam, was bald der Fall war.

Die Königsherrschaft Wilhelms II. (1087–1100) war eine unruhige Zeit. Robert unterstützte einen Aufstand in England (1088), der jedoch wenig Erfolg hatte. Daraufhin griff Wilhelm seinen Bruder in der Normandie an und zwang ihn, ihm einige Gebiete östlich der Seine abzutreten. An den Kämpfen beteiligte sich auf wechselnden Seiten der jüngste Bruder Heinrich, der sein Geld in zwei Grafschaften im Westen der Normandie angelegt hatte und ein ständiger Unruhefaktor blieb. Erst als Herzog Robert 1096 zum Kreuzzug nach Jerusalem aufbrach und zur Finanzierung des Unternehmens Wilhelm die Normandie auf drei Jahre verpfändete, beruhigte sich die Lage. Der anglo-normannische König musste allerdings das Vexin, die umstrittene Grenzlandschaft an der Südostgrenze der Normandie, dem französischen König überlassen; die Grafschaft Maine unterstand ihm zwar offiziell noch, fiel aber bald (nach 1100) in die Hände des Grafen von Anjou.

Die Konsolidierung Am 2. August 1100 wurde der unverheiratete und kinderlose Wilhelm II. Opfer eines Jagdunfalls, dessen genaue Umstände nie geklärt wurden. Da nun sein jüngerer Bruder Heinrich auf den Thron kam – der ältere Bruder, Herzog Robert, war noch im Heiligen Land –, konnte der Verdacht aufkommen, Heinrich habe dabei seine Hand im Spiel gehabt. Wie dem auch sei, Heinrich I. ließ sich unmittelbar nach dem Tod Wilhelms II. zum König wählen und wenige Tage später krönen. Damit schuf er vollendete Tatsachen. Als Robert vom Kreuzzug heimkehrte und Ansprüche auf den Thron anmeldete, kam es zu bewaffneten Auseinandersetzungen, aus denen Heinrich schließlich in der Schlacht bei Tinchebray in der Nähe von Domfront 1106 als Sieger hervorging. Robert verlor das Herzogtum Normandie und musste den Rest seines Lebens in Haft verbringen. Nun waren die Normandie und England wieder in einer Hand.

Ein Jahr später (1107) konnte Heinrich I. einen wichtigen Erfolg erzielen: Er einigte sich mit der Kirche über die Rolle des Herrschers bei der Einsetzung (Investitur) der Bischöfe. Das Streben der Kirche nach Freiheit von weltlichem Einfluss (*libertas ecclesiae*) hatte in Deutschland zum sogenannten Investiturstreit geführt, in dessen Verlauf der vom Papst exkommunizierte und abgesetzte Heinrich IV. seinen berühmten Gang nach Canossa (1077) antrat. Streitpunkt war allerdings nicht nur die Einsetzung der Bischöfe, sondern auch grundsätzlich das Verhältnis zwischen Kaiser und Papst als den beiden höchsten weltlichen und geistlichen Autoritäten des christlichen Europa gewesen. Dies erschwerte eine Einigung. In Frankreich und England blieben die Meinungsverschiedenheiten zwischen Monarchie und Kirche hingegen auf wenige konkrete Probleme beschränkt. Dabei gingen beide Seiten pragmatisch vor und waren zu Zugeständnissen bereit. Dies gilt vor allem für die Päpste, die durch ihre Auseinandersetzungen mit den römisch-deutschen Herrschern stark in Anspruch genommen waren. Aus diesem Grund wollten sie es sich nicht mit den Königen von Frankreich und England verderben, deren Unterstützung ihnen nützlich sein konnte.

Das 1078 von Gregor VII. verkündete Verbot der Bischofsinvestitur durch Laien traf vor allem die deutsche Königsherrschaft, zu deren wichtigsten Stützen die Bischöfe gehörten. Aber auch in anderen Monarchien hatten hohe Geistliche königlichen Besitz zu Lehen und waren wichtige Mitarbeiter der Krone. Wortführer der Forderungen nach einer Trennung von weltlichen und geistlichen Angelegenheiten waren in England die bereits erwähnten Erzbischöfe von Canterbury, Lanfranc von Pavia (gest. 1089) und Anselm von Aosta (gest. 1109), die Äbte normannischer Klöster gewesen waren (s. S. 24). Die Probleme begannen, als König Wilhelm II. nach dem Tod des Erzbischofs Lanfranc mehrere Jahre keinen Nachfolger wählen ließ und in dieser Zeit die Einnahmen des Erzbistums einzog. Das war zwar sein gutes Recht, aber es war ungewöhnlich, dass ein Bistum so lange ohne Oberhirten blieb. Außerdem praktizierte Wilhelm diese Verzögerung auch in anderen Fällen, so dass bald Kritik aufkam. Nach einer schweren Krankheit gelobte er 1093 Besserung und ließ endlich einen neuen Erzbischof von Canterbury wählen. Doch mit diesem, dem theologisch versierten Anselm, kam es bald zum Konflikt. Als der König finanzielle Forderungen an die Kirche stellte, die im Widerspruch zu Anselms Reformideen standen, ging der Erzbischof 1097 ins Exil.

Erst nach Wilhelms Tod kehrte Anselm auf die englische Insel zurück. Trotz anfänglicher Schwierigkeiten mit dem neuen König Heinrich I. konnte 1107 im sogenannten Londoner Konkordat eine Einigung gefunden werden. Sie orientierte sich an der kurz zuvor in Frankreich vom berühmten Kirchenjuristen Bischof Ivo von Chartres gefundenen Lösung: Der Herrscher verzichtete auf die traditionelle Einführung des Bischofs in sein geistliches Amt, die mit den symbolischen Zeichen des Bischofsrings und -stabs vorgenommen wurde; er beschränkte sich auf die Investitur in dessen weltliche Güter, wofür der Bischof ihm einen Treueid leistete. Ein ähnlicher Kompromiss wurde in

Deutschland im sogenannten Konkordat von Worms (1122) festgehalten. Im Unterschied zu Frankreich fand in England die Wahl des Bischofs durch die Kleriker des Domkapitels allerdings im Beisein eines königlichen Vertreters am Königshof statt. Der englische König konnte die Wahl also weiterhin beeinflussen.

Heinrich I. hatte einige Wochen nach dem Antritt seiner Herrschaft Edith, eine Tochter des Königs Malcolm von Schottland, geheiratet. Sie stammte über ihre Mutter Margarete vom angelsächsischen Herrscher Ethelred II. ab (s. Tafel S. 26) und nahm bei der Hochzeit den normannischen Namen Mathilde an. Durch diese Heirat unterstrich Heinrich I. die Kontinuität mit den vorangegangenen angelsächsischen Königen. Gleichzeitig bemühte er sich, die unterschiedlichen Rechtstraditionen der Angelsachsen und Normannen anzugleichen. Ferner stützte sich Heinrich auf soziale Aufsteiger im Adel, um den Hochadel zu umgehen, der ihm gefährlich werden konnte, ähnlich wie es damals in Deutschland die römisch-deutschen Kaiser taten. Der König regierte mit seinen Amtsträgern sowohl England als auch die Normandie. Bald gab es jedoch Verwaltungsfachleute, die jeweils nur auf einer Seite des Kanals tätig waren.

Während der langen Regierungszeit Heinrichs I. (1100–35) wurde die Stellung der anglo-normannischen Monarchie durch Reformen in Rechtswesen und Verwaltung gestärkt. Immer mehr wurde schriftlich geregelt: Man hat ausgerechnet, dass der Herrscher pro Jahr 4500 Urkunden ausstellte. Das ist weitaus mehr als in anderen Königreichen dieser Zeit. Am englischen Hof ließ Heinrich nach normannischem Vorbild ein *exchequer* genanntes Schatzamt einrichten. Es sollte sich zu einer Finanzbehörde entwickeln, die für ihre Zeit ungewöhnlich war; ein ähnliches Niveau erreichte nur die von arabischen Modellen beeinflusste entsprechende Behörde im «normannischen» Königreich Sizilien (s. Kap. III.3). Der Name *exchequer* stammt vom lateinischen *scaccarium* (Schachbrett): Die Sheriffs, die Verwalter des königlichen Landbesitzes, mussten ihre Einnahmen und Ausgaben auf einem schachbrettartigen Schema mit Rechenpfennigen abrechnen. Das Ergebnis der Abrechnung wurde in Schriftrollen, sogenannten *pipe rolls*, festgehalten.

Zum ersten Mal in der europäischen Geschichte wurde die Macht des Geldes deutlich. Richard FitzNigel, der Leiter des *exchequer*, brachte dies einige Jahrzehnte nach Heinrichs Tod (um 1178) auf den Punkt:

> Wir wissen natürlich, dass vor allem durch Klugheit, Tapferkeit, Maß, Gerechtigkeit und andere Tugenden Königreiche regiert und Gesetze aufrecht erhalten werden, weshalb die Herrscher der Welt diese mit ihrer ganzen Kraft beherzigen müssen. Aber es gibt Gelegenheiten, bei denen durch die Macht des Geldes eine richtige und kluge Staatsführung viel schneller wirksam wird.

In England war Heinrichs Herrschaft ungefährdet. In der Normandie gab es hingegen Auseinandersetzungen mit Graf Fulco V. von Anjou, König Ludwig VI. von Frankreich (1108–37) und dem Grafen von Flandern. Bei Letzterem hatte Heinrichs Neffe Wilhelm Clito, der Sohn des abgesetzten Herzogs Robert, Zuflucht gefunden, der Ansprüche auf das Herzogtum erhob. Es gelang Heinrich 1119, diese Koalition bei Brémule zu besiegen und mit Ludwig VI. und Graf Fulco Frieden zu schließen. Zur Besiegelung des Friedens heiratete Heinrichs einziger ehelicher Sohn Wilhelm eine Tochter Fulcos, die als Mitgift die Grafschaft Maine einbrachte. Einige Jahre zuvor (1114) hatte Heinrichs einzige eheliche Tochter Mathilde den römisch-deutschen König und späteren Kaiser Heinrich V. geheiratet. Durch diese Ehebündnisse war der französische Rivale praktisch eingekreist, der Zusammenhalt des anglo-normannischen Reiches nicht mehr in Gefahr.

Die Krise Heinrich I. stand nach zwanzigjähriger Herrschaft auf dem Höhepunkt seiner Macht, als ein unvorhergesehenes Ereignis die Zukunft des Königreichs erneut in Frage stellte: Im November 1120 kam der Kronprinz bei einem Schiffsunglück ums Leben. Die Folgen waren schwerwiegend, denn die Ehe, die Heinrich kurz danach (im Januar 1121) mit Adelheid, der Tochter des Herzogs von Niederlothringen, in der Hoffnung schloss, dass aus ihr ein Sohn hervorgehen würde, blieb kinderlos.

Es stellte sich also das Problem, wer ihm auf dem Thron folgen sollte. Heinrich hatte zwar eine Reihe unehelicher Söhne, von denen er acht anerkannte (ebenso wie elf uneheliche Töchter); aber als Thronfolger zog er keinen von diesen in Betracht, auch nicht den ältesten, Robert, obwohl dieser als Graf von Gloucester über eine durchaus angesehene Stellung verfügte. Es blieb also nur seine Tochter Mathilde, die er nach dem Tod Kaiser Heinrichs V. (1125) aus Deutschland nach England zurückrief und zur Thronfolgerin erklärte. Einige Jahre später (1128) heiratete Mathilde den Grafen Gottfried V. von Anjou (s. Tafel S. 26). Dieser hatte das Erbe seines Vaters Fulco angetreten, der ins Heilige Land gezogen war und dort 1131 König von Jerusalem wurde.

Nach dem Willen Heinrichs I. sollte nach seinem Tod Mathilde regieren und deren Söhne ihr später auf dem Thron nachfolgen. Bis dahin hatte in England noch keine Frau die Krone geerbt und selbständig geherrscht. Daher war vorherzusehen, dass diese Entscheidung Widerstand hervorrufen würde. Hinzu kam, dass die Kaiserin, wie Mathilde auch nach dem Ende ihrer ersten Ehe mit dem römisch-deutschen Kaiser weiter genannt wurde, aufgrund ihrer langen Abwesenheit in England als Fremde empfunden wurde.

Die Folge war, dass nach dem Tod Heinrichs I. am 1. Dezember 1135 in der Normandie einige englische Adlige und Bischöfe sowie die Bürger von London einen Neffen des verstorbenen Königs zu seinem Nachfolger wählten. Es handelte sich um Stephan von Blois, dessen Mutter Adele eine Schwester Heinrichs I. und somit Tochter Wilhelms des Eroberers war (s. Tafel S. 26). Da nirgends schriftlich festgelegt war, wer den König von England wählen und wie die Wahl genau ablaufen sollte, war dieser Akt durchaus legal. Stephan hatte lange am Hof seines Onkels gelebt, besaß in England umfangreichen Landbesitz und war daher im Unterschied zu Mathilde mit den dortigen Verhältnissen gut vertraut. Nachdem er durch umfassende Zugeständnisse an die Kirche die rasche Anerkennung durch Papst Innozenz II. und kurz danach auch durch den englischen Episkopat und Adel erlangt hatte, wurde er am 22. Dezember 1135 in Westminster zum König gekrönt.

Der neue König konnte zwar seine Herrschaft über die Normandie durchsetzen, jedoch nicht verhindern, dass sich im Westen Englands ab 1138 eine von Heinrichs I. unehelichem Sohn Graf Robert von Gloucester angeführte Adelsopposition bildete, die für Mathilde Partei ergriff. Als Mathilde im September 1139 selbst nach England kam, begann ein Bürgerkrieg. Anfangs war die Kaiserin erfolgreich und konnte 1141 ihren Rivalen gefangen nehmen. Sie ließ ihn aber bald wieder frei, so dass der Kampf weiterging. Weite Teile Englands, vor allem der Westen, wurden verwüstet, und der Adel stärkte seine Stellung auf Kosten der Krone.

Während Mathilde in England war, gelang es ihrem in Frankreich gebliebenen Mann, Gottfried von Anjou, die Normandie zu erobern und 1146 in Rouen als Herzog anerkannt zu werden. Der älteste Sohn von Gottfried und Mathilde, der am 5. März 1133 geborene Heinrich II., wurde ab 1142 von seinem Vater als *rectus heres Anglie et Normannie* (rechtmäßiger Erbe Englands und der Normandie) bezeichnet. Mathilde, die offensichtlich keine Möglichkeit mehr sah, persönlich das Erbe ihres Vaters anzutreten, verließ 1148 die Insel und zog sich in die Normandie zurück. Ihr Sohn griff indes ohne großen Erfolg mehrfach militärisch in England ein.

Heinrich II. erlangte nach seiner Rückkehr in die Normandie gegen die Ansprüche seines Bruders Gottfried auch die Herrschaft über die Grafschaft Maine; dazu kam nach dem Tod seines Vaters 1151 auch noch die Grafschaft Anjou. Kurz vorher hatte König Ludwig VII. von Frankreich (1137–80) ihn als Herzog der Normandie anerkannt, indem er seine Huldigung (*homagium*) entgegennahm. Ein großer Erfolg Heinrichs war seine am 18. Mai 1152 vollzogene Heirat mit Eleonore. Diese war die Erbin des Herzogtums Aquitanien, das große Teile Südwestfrankreichs umfasste. Eleonores Ehe mit dem französischen König war kurz vorher annulliert worden, offiziell wegen zu naher Verwandtschaft der Eheleute, in Wirklichkeit wegen zunehmender Entfremdung zwischen dem asketischen Kapetinger und der lebenslustigen Südfranzösin, die ihm außerdem in vierzehn Ehejahren nur zwei Töchter, aber keinen Thronfolger geboren hatte.

Als Heinrich II. Anfang 1153 erneut nach England übersetzte, zeigte sich bald, dass dort wenig Interesse an einer Fortsetzung der Kämpfe bestand. Der überraschende Tod von König Stephans Sohn Eustachius am 17. August 1153 erleichterte die Beendigung des Thronstreits. Anfang November wurde vereinbart, dass Stephan von Blois zwar bis zum Lebensende König blieb, er jedoch Heinrich II. adoptierte, ihn als Erben anerkannte (unter Umgehung eines jüngeren Sohns namens Wilhelm) und an seiner Herrschaft teilhaben ließ. Daraufhin kehrte Heinrich II. in die Normandie zurück, wo er praktisch nur noch auf den Tod des Königs wartete, der kaum ein Jahr danach, am 25. Oktober 1154, eintrat.

Der mehr als fünfzehnjährige Bürgerkrieg um die Nachfolge Heinrichs I. führte zu einer erheblichen Schwächung des Königtums und zu einer Stärkung von Adel und Kirche. Es ist bezeichnend, dass in dieser Zeit die Zahl der englischen Herzogtümer von sechs auf zweiundzwanzig anstieg. Doch die Probleme der anglo-normannischen Monarchie hatten bereits mit der Erbregelung Wilhelms des Eroberers begonnen und belasteten die Regierung seiner Söhne Wilhelm II. und Heinrich I., die ihm auf den englischen Königsthron nachfolgten. Mit diplomatischen und militärischen Mitteln sowie Verwaltungsreformen gelang es Heinrich I. allerdings, im Laufe seiner 35jährigen Herrschaft die Monarchie zu stärken und ihr in Europa Ansehen zu verschaffen.

Die normannisch-englische Integration Die normannische Eroberung von Wales, die zur Zeit Wilhelms I. begonnen hatte, ging unter Heinrich I. weiter. Sie wurde durch die Integration der walisischen Bistümer in die Kirchenprovinz Canterbury gefestigt. Gleichzeitig versuchten vor allem jüngere Söhne der in England ansässig gewordenen normannischen Adelsfamilien ihr Glück im Dienst der Könige von Schottland und integrierten sich dort rasch. Letztere unterstanden zwar formal den anglo-normannischen Herrschern, in der Praxis regierten sie jedoch selbständig. In Irland begann die Einwanderung normannischstämmiger Adelsfamilien hingegen erst unter Heinrich II. ab etwa 1169/72, also zu einer Zeit, als die eigentliche normannische Epoche Englands bereits vorbei war. In diesem Fall sollte man also nicht mehr von normannischer, sondern besser von englischer oder anglo-normannischer Besiedlung sprechen.

Während in den ersten Jahrzehnten nach der normannischen Eroberung Englands sich *Franci* (Normannen) und *Angli* (Angelsachsen/Engländer) noch klar voneinander abgrenzen ließen, wurde eine solche Unterscheidung in der ersten Hälfte des 12. Jahrhunderts immer schwieriger, denn viele Eroberer hatten englische Frauen geheiratet. Da man nun im Adel außer Englisch vor allem Französisch sprach, in der Unter- und Mittelschicht hingegen nur Englisch, wurde aus einer ethnischen eine soziale Kategorie: Normannen waren die Mitglieder der von den Eroberern abstammenden Oberschicht, Engländer der Rest der Bevölkerung. Erst unter Heinrich II. bildete sich allmählich ein alle sozialen Schichten umfassendes englisches Eigen- und Gemeinschaftsbewusstsein (s. S. 55, 120), und die normannischen Elemente im Königreich England gingen zugunsten angevinischer Einflüsse zurück. Unter der neuen, aus dem französischen Anjou stammenden Herrscherdynastie spielte die Normandie nur noch eine Nebenrolle.

Die normannischen Könige von England:	
Wilhelm I. der Eroberer	1066–1087
Wilhelm II. Rufus	1087–1100
Heinrich I. Beauclerc	1100–1135
Stephan von Blois	1135–1154

3. Das angevinisch-englische Großreich

Durch die mit Heinrich II. einsetzende dynastische Verbindung der englischen Krone mit der Grafschaft Anjou, deren Inhaber, die «Angevinen», entschiedene Gegner der normannischen Herzöge und Könige gewesen waren, und seine Heirat mit Eleonore von Aquitanien entstand ein angevinisch-englisches Großreich.

Es bestand neben England und der Normandie, die Heinrich von seiner Mutter geerbt hatte, aus den von seinem Vater hinterlassenen Landschaften Anjou, Maine und Touraine sowie dem von Eleonore mitgebrachten Herzogtum Aquitanien, das verschiedene südfranzösische Grafschaften und Herrschaften umfasste und dessen Zentrum die Städte Poitiers und Bordeaux waren (s. Karte S. 48).

Da somit neben England auch etwa zwei Drittel Frankreichs dem Angevinen Heinrich II. und seinen Nachfolgern unterstanden, hat man in der englischen und französischen Literatur von einem angevinischen Imperium (*Angevin Empire*) gesprochen. Dieser Begriff kann jedoch leicht missverstanden werden. Es handelte sich nämlich um kein wirkliches Reich, sondern um ein Konglomerat verschiedener Territorien, dessen Zusammenhalt allein in der Person des Herrschers bestand: Es verfügte weder über gemeinsame Strukturen und Institutionen noch über einen eigenen Namen. Auf diese Weise erklärt sich auch der komplizierte Titel Heinrichs II.: *rex Anglorum, dux Normannorum et Aquitanorum et comes Andegavorum* (König der Engländer, Herzog der Normannen und Aquitanier und Graf der Angevinen).

Für Heinrich II., der sich in erster Linie als angevinischer Herrscher fühlte, stand, anders als man nach diesem Titel annehmen könnte, nicht England an erster Stelle, sondern das Anjou. Die von ihm begründete Dynastie der Plantagenêts trägt ihren (erst 1460 eingeführten) Namen nach dem Ginsterbusch (*planta genista*), entweder weil Heinrichs Vater diesen als Helmzier benutzt hatte oder aufgrund seiner Gewohnheit, zur Förderung der Jagd als Sichtschutz Ginsterbüsche pflanzen zu lassen. Die Idee, dass mit Heinrich II. eine neue Dynastie eingesetzt hatte, kam erst später in der Rückschau auf. Er selbst sah sich als Sohn Mathildes und somit Urenkel des normannischen Eroberers Wilhelm, also als legitimer Fortsetzer des anglo-normannischen Königshauses.

Der zweite Heinrich auf dem englischen Thron knüpfte an die Politik seines Großvaters Heinrich I. an. Zunächst brachte er in England alle Burgen wieder unter königliche Kontrolle, dann

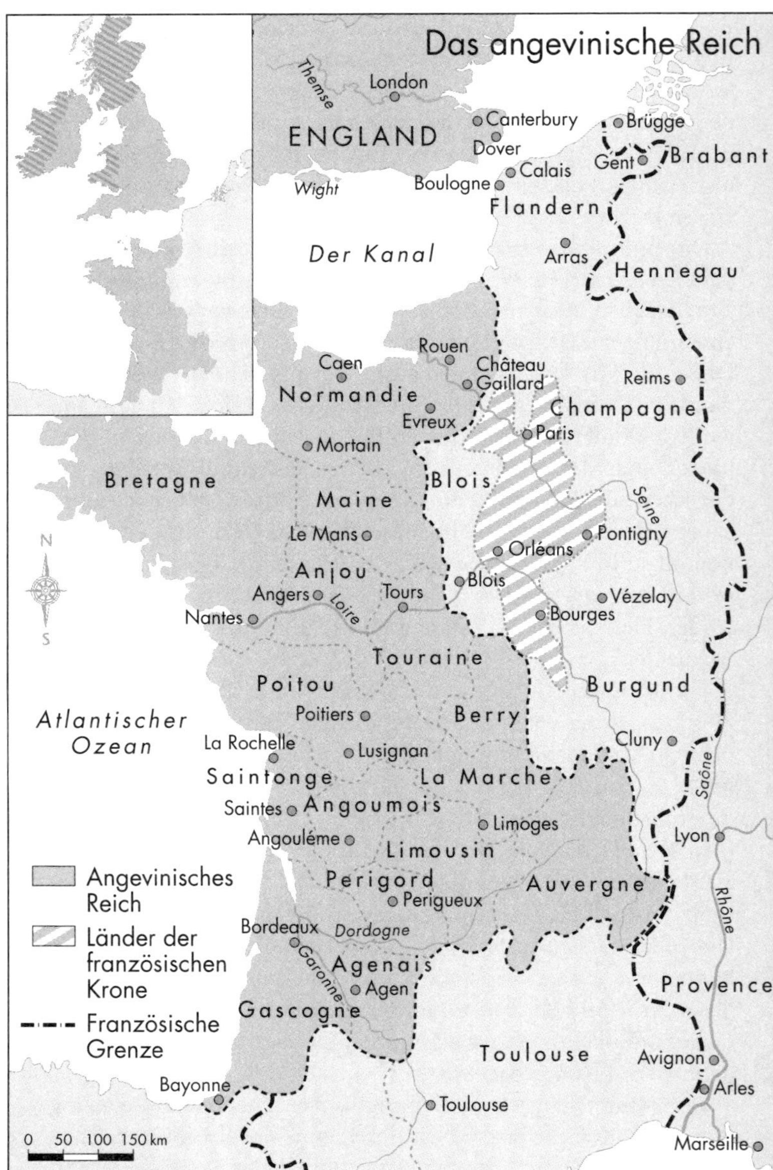
Das angevinische Reich
London
Themse
ENGLAND
Canterbury
Dover
Brügge
Gent
Brabant
Calais
Boulogne
Wight
Flandern
Der Kanal
Arras
Hennegau
Rouen
Caen
Château Gaillard
Reims
Normandie
Evreux
Champagne
Paris
Mortain
Bretagne
Blois
Maine
Seine
Le Mans
Pontigny
Orléans
Anjou
Blois
Angers
Loire
Tours
Vézelay
Nantes
Bourges
Touraine
Poitou
Burgund
Poitiers
Berry
Atlantischer Ozean
La Rochelle
Lusignan
Cluny
Saintonge
La Marche
Saône
Saintes
Angoumois
Limoges
Angouléme
Lyon
Limousin
Angevinisches Reich
Perigord
Auvergne
Rhône
Perigueux
Länder der französischen Krone
Bordeaux
Dordogne
Garonne
Agenais
Agen
Provence
Gascogne
Französische Grenze
Toulouse
Avignon
Bayonne
Arles
Toulouse
0 50 100 150 km
Marseille
N
S

stärkte er die Autorität der Krone über Adel und Kirche. Wales und Schottland mussten die englische Oberhoheit anerkennen (1157). Durch die Heirat seines jüngeren Sohns Gottfried mit der Erbin des Herzogtums Bretagne konnte Heinrich II. 1158 auch diese Region seinem Herrschaftsbereich einverleiben. Während England dank einer effizienten königlichen Verwaltung, die weiter ausgebaut wurde, stabil war, gab es in den verschiedenen französischen Besitzungen Probleme, die immer wieder das persönliche Eingreifen des Herrschers erforderten.

Europäische Beziehungen Der über England und zwei Drittel Frankreichs gebietende Heinrich II. war in Europa ein gefragter Bündnispartner. Sein ältester Sohn Heinrich der Jüngere wurde 1158 im Alter von drei Jahren mit der sechs Monate alten Tochter des französischen Königs Ludwig VII. verlobt. Diese sollte sein Königreich erben, falls Ludwig ohne einen Sohn starb, was aber nicht eintraf, da ihm 1165 doch noch ein Erbe geboren wurde. Sie brachte jedoch als Heiratsgut die seit langem umstrittene Grafschaft Vexin mit. Auch der zweite Sohn Heinrichs II., Richard Löwenherz, wurde mit einer Tochter des französischen Königs verlobt. Mit dem römisch-deutschen Kaiser Friedrich I. Barbarossa (gest. 1190) verständigte sich der englische König 1165 ebenfalls über ein doppeltes Ehebündnis: Seine älteste Tochter Mathilde sollte Barbarossas Vetter Heinrich den Löwen, Herzog von Bayern und Sachsen, heiraten, eine weitere Tochter namens Eleonore den ältesten, damals noch nicht einjährigen Sohn Barbarossas namens Friedrich. Dieser starb allerdings bereits 1168/69, woraufhin Eleonore 1170 mit König Alfons VIII. von Kastilien verlobt wurde, den sie 1176 heiratete. Die dynastischen Verbindungen Englands mit Südeuropa verstärkten sich ein Jahr später: Johanna, eine weitere Tochter Heinrichs II., heiratete König Wilhelm II. von Sizilien, einen Urenkel des um 1055 in Süditalien eingewanderten Normannen Roger I. von Hauteville, von dem wir noch hören werden (s. Kap. III).

Das Bündnis Heinrichs II. mit Friedrich Barbarossa erklärt sich aus der schwierigen Lage, in der sich beide Herrscher damals befanden: Der staufische Kaiser war seit 1160 von Papst Alexander III. (gest. 1181) exkommuniziert, weil er nach der Papstwahl von 1159, aus der zwei Päpste hervorgegangen waren, nicht diesen, sondern Viktor IV. (gest. 1164) unterstützt hatte. Auch der englische König war in Bedrängnis: Seine 1164 erlassenen Konstitutionen von Clarendon, in denen er die Privilegien des englischen Klerus stark einschränkte und ihn der weltlichen Gerichtsbarkeit unterstellte, riefen den energischen Protest des Erzbischofs von Canterbury, seines früheren Kanzlers Thomas Becket, hervor, der von Papst Alexander III. unterstützt wurde. Der französische König Ludwig VII. vermittelte, um so indirekt seine eigene Stellung zu stärken: Er erreichte, dass der nach Frankreich geflohene Erzbischof 1170 nach England zurückkehrte.

Der Konflikt zwischen Heinrich und Thomas eskalierte allerdings bald, denn keiner der beiden war zu einem Kompromiss bereit. Bei einem Essen fragte der englische König ärgerlich, ob ihn denn niemand von diesem lästigen Kirchenmann befreien könne. Einige Ritter aus seinem Gefolge nahmen diese Äußerung ernster, als der Herrscher sie gemeint hatte; wahrscheinlich hatte er nur seinem Ärger Luft machen wollen. Doch das Missverständnis hatte fatale Folgen: Die Ritter, überzeugt davon, im Auftrag ihres Königs zu handeln, töteten Becket am 29. Dezember 1170 in seiner Bischofskirche.

Der Mord in der Kathedrale war ein schwerer Schlag für das Ansehen Heinrichs II., der dafür verantwortlich gemacht wurde. Erzbischof Wilhelm von Sens belegte die kontinentalen Besitzungen Heinrichs mit dem sogenannten Interdikt: Dabei handelte es sich um eine Art Streik des Klerus, infolge dessen keine Sakramente mehr gespendet wurden, keine öffentlichen Gottesdienste und keine kirchlichen Begräbnisse stattfanden. Eine solche Maßnahme musste großen Unwillen bei der betroffenen Bevölkerung hervorrufen und Widerstand gegen den Herrscher provozieren. Der Papst hielt sich hingegen zunächst zurück und begnügte sich damit, eine Untersuchungskommission einzusetzen. Heinrich erklärte sich bereit, deren Urteil anzuerkennen. Er versuchte, Zeit zu gewinnen und gleichzeitig seine Ergebenheit gegenüber der römischen Kirche zu demonstrieren.

Zu diesem Zweck begann er mit der Eroberung Irlands, die er bisher aufgeschoben hatte. Bereits 1155 hatte er dazu die Erlaubnis des damaligen Papstes Hadrian IV. (gest. 1159) eingeholt. Dieser erteilte sie unter Berufung auf die sogenannte Konstantinische Schenkung, nach der Kaiser Konstantin der Große (gest. 337), als er seine Residenz von Rom nach Konstantinopel verlegte, den römischen Bischöfen die Herrschaft über die westliche Hälfte des alten Römerreichs überlassen hatte. Dass Irland nie unter römischer Herrschaft gestanden hatte und Konstantins Schenkung eine Fälschung war, störte niemanden. Der Papst unterstützte die englische Eroberung Irlands, weil er sich dadurch eine stärkere Anbindung der irischen Kirche an Rom erhoffte.

Erst im Frühjahr 1172 kehrte Heinrich nach der erfolgreichen Unterwerfung Irlands nach Frankreich zurück. Um die Vergebung des Papstes zu erlangen, machte der Herrscher weitgehende kirchenpolitische und finanzielle Zugeständnisse. So erlaubte er zum Beispiel dem englischen Klerus, sich in gerichtlichen Angelegenheiten direkt an die römische Kurie zu wenden. Auch wenn der König nicht allen Versprechungen Taten folgen ließ, ermöglichte ihm die Aussöhnung mit dem Papst dennoch, in den folgenden Jahren die Kontrolle über die englische Kirche zurückzugewinnen.

Das Problem der Nachfolge Schwieriger zu lösen waren die familiären Probleme des Herrschers, die seit längerem unter der Oberfläche schwelten. Nun kamen sie offen zum Vorschein. Wieder einmal, wie bereits zu Zeiten Wilhelms des Eroberers, ging es um die Versorgung der königlichen Prinzen (s. Tafel S. 26) und ihr Verhältnis untereinander sowie zum Vater. 1169 hatte Heinrich II. seinen gleichnamigen ältesten Sohn zu seinem Nachfolger in England, der Normandie und Anjou bestimmt, während die anderen Söhne mit eigenen Herrschaftsbereichen ausgestattet wurden: Richard mit Aquitanien, Gottfried mit der durch Heirat erlangten Bretagne; nur Johann ging zunächst leer aus (daher sein Beiname Ohneland): Erst später erhielt er den Titel «Herr von Irland» und die Grafschaft Mortain. Die drei ältesten Söhne waren mit ihren Besitzungen auf dem Festland Vasallen des Königs von Frankreich und betrachteten sich daher als gleichrangig. Gegen ihre Erwartung beteiligte ihr Vater sie nicht an der Ausübung der Herrschaft.

Dies rief zuerst den Widerstand des 1170 zum Mitkönig gekrönten Heinrich des Jüngeren hervor, der von seinem Schwiegervater Ludwig VII. unterstützt wurde. 1173 lehnte er sich offen gegen den Vater auf. Ihm schlossen sich seine Brüder an, die von ihrer Mutter Eleonore, die in Poitiers residierte und sich von Heinrich II. getrennt hatte, dazu ermutigt wurden. Es gelang dem englischen König jedoch in den nächsten Jahren, den Aufstand niederzuschlagen und seine Herrschaft zu stabilisieren. Dabei konnte er sich auf das immer effizientere Steuer-, Verwaltungs- und Rechtswesen des Königreichs England stützen, das ihm die Ressourcen für seine kostspieligen militärischen Unternehmungen in Frankreich zur Verfügung stellte.

Die Schwierigkeiten mit den Söhnen gingen indes weiter, so dass sich Heinrich II. im Jahre 1182 schließlich entschloss, Klarheit zu schaffen: Er unterstellte die jüngeren Söhne dem Thronfolger, den sie als Lehnsherrn anerkennen mussten. Dadurch verloren sie ihre direkte Lehnsbindung an den französischen König und somit ihre Gleichrangigkeit. Richard Löwenherz protestierte daher energisch und lehnte sich offen auf. Der Kronprinz, der immer noch nicht vom Vater an der Herrschaft beteiligt wurde, schloss sich diesem Aufstand an, der auch vom französischen König Philipp II. (1180–1223) unterstützt wurde. Lediglich der plötzliche Tod Heinrichs des Jüngeren am 11. Juni 1183 rettete den alten König. Doch als er sich weigerte, nun Richard Löwenherz als Nachfolger einzusetzen, und ihn aufforderte, Aquitanien an seinen jüngsten Bruder Johann Ohneland abzugeben, eskalierte die Lage erneut. Am Ende war Heinrich II. gezwungen, die Oberhoheit des mit Richard verbündeten Königs von Frankreich über den Festlandsbesitz anzuerkennen (1189).

Der englische Monarch verbrachte 21 der 35 Jahre seiner Königsherrschaft, die durch eine rastlose Aktivität gekennzeichnet war, auf dem französischen Festland und insbesondere in der Normandie: «Bald in Irland, bald in England, bald in der Normandie, scheint der König von England eher zu fliegen als das Pferd oder das Schiff zu besteigen» – so soll nach Mitteilung des zeitgenössischen Chronisten Radulf von Diceto der König von Frankreich wohl eher neidisch als bewundernd gesagt haben. Die Normandie blieb zwar mit der englischen Krone verbunden, spielte aber nicht mehr die Hauptrolle, denn die anderen französischen Herrschaftsgebiete beanspruchten immer mehr Aufmerksamkeit.

Diese Tendenz verstärkte sich unter König Richard Löwenherz (1189–99). Er fühlte sich in erster Linie als Herzog des südfranzösischen Aquitanien, wo er aufgewachsen war. Richard war von der dortigen ritterlich-höfischen Kultur geprägt, und für ihn spielte der Kreuzzug eine große Rolle. Priorität hatte die Rückeroberung Jerusalems, das 1187 in die Hand des islamischen Sultans Saladin gefallen war. Dabei konnte Richard mit der Unterstützung Kaiser Friedrich Barbarossas, König Philipps II. und anderer Fürsten rechnen. Der Kreuzzug scheiterte jedoch, und Richard geriet auf dem Rückweg in die Gefangenschaft des österreichischen Herzogs Leopold V., der sich wegen einer von diesem im Heiligen Land erlittenen Beleidigung rächen wollte. Der Österreicher lieferte Richard schließlich an Barbarossas Nachfolger Heinrich VI. aus, der ihn auf dem Trifels in der Pfalz gefangen hielt und erst nach Zahlung eines hohen Lösegelds freiließ.

Im Februar 1194 kehrte Richard nach England zurück, wo er sich während seiner Königsherrschaft insgesamt lediglich sechs Monate aufhielt. In Frankreich konnte er sich nur mühsam gegen Philipp II. durchsetzen und das Vexin, das er kurz zuvor hatte abtreten müssen, zurückerobern. Mit dem Bau von Château Gaillard im Seinetal sicherte er zwar die Südostgrenze der Normandie, doch dann starb er 1199 an den Folgen einer Verletzung, die er sich im Kampf gegen einen Lehnsmann im Limousin zugezogen hatte.

Das Ende der normannisch-englischen Verbindung Richards Nachfolger Johann (1199–1216) hatte ebenfalls große Schwierigkeiten, sich in Frankreich gegen Philipp II. zu behaupten: Er musste ihm das Vexin und umstrittenes Gebiet im Berry am Südrand des Pariser Beckens abtreten. In einem vom französischen König eingeleiteten Lehnsprozess wurden Johann seine Lehen in Frankreich entzogen. Sein Widerstand war erfolglos: Ende 1203 musste er sich nach England zurückziehen. 1204 verlor er die Normandie, das Anjou und den nördlichen Teil des Poitou (mit Poitiers). Lediglich in Aquitanien und dem übrigen Anjou konnte er sich behaupten. Durch einen Konflikt mit Papst Innozenz III. (gest. 1216), der 1208 die Kirchenstrafe des Interdikts über England aussprach, wurde Johanns Ansehen weiter beschädigt.

Angesichts des wachsenden Widerstands der englischen Barone musste der König 1213 die päpstliche Oberhoheit über das Königreich England anerkennen. Seine Niederlage gegen den französischen König in der Schlacht von Bouvines (östlich von Lille) 1214 war ein weiteres Debakel, das das Ende des angevinischen Großreichs besiegelte. Johann konzentrierte sich nun ganz auf England. Hier musste er im folgenden Jahr den Baronen in der sogenannten *Magna Carta Libertatum* (Große Freiheitsurkunde) weitgehende Mitbestimmungsrechte bei der Regierung zugestehen. Damit war für England langfristig der Weg zur konstitutionellen Monarchie bereitet.

Das angevinische Reich scheiterte letztlich nicht an der Unzulänglichkeit einzelner Herrscher wie Richard Löwenherz oder Johann Ohneland, sondern an seinen strukturellen Problemen: Aufgrund seines Territoriums, das von Irland bis zu den Pyrenäen reichte, war es für die begrenzten Möglichkeiten mittelalterlicher Herrschaft zu groß und zu heterogen. Ihm fehlten ein Zentrum, ein integrierender angevinischer Adel, ein Name und ein Reichsbewusstsein.

Während der Regierungszeit Heinrichs II. war die anglo-normannische Tradition noch präsent, und die personellen und kulturellen Verbindungen zwischen England und Frankreich verstärkten sich. Andererseits ging in England der Assimilationsprozess zwischen normannischstämmigen und einheimischen Familien weiter. Richard FitzNigel schrieb um 1178, dass man nach den vielen Mischehen in der Ober- und Mittelschicht Englands kaum noch zwischen *Anglici* (Engländern) und *Normanni* (Normannen) unterscheiden könne. Eine neue englische Identität entstand, in der angelsächsische und normannische Traditionen aufgingen. In diesem Prozess der Integration und Assimilation spielten die gemeinsame Religion, die integrierende Kraft der auf Rom ausgerichteten Kirche und kulturelle Affinitäten eine wichtige Rolle. Unter den Königen Richard Löwenherz und Johann Ohneland verstärkte sich das Bewusstsein einer spezifisch englischen Identität (*englishness*); das normannische Element war nur noch eine historische Reminiszenz.

Entscheidend für die endgültige Auflösung der 1066 eingeleiteten normannisch-englischen Verbindung war nicht nur die 1204 erfolgte Unterstellung der Normandie unter die direkte Herrschaft des Königs von Frankreich, sondern auch und vor allem das im selben Jahr von Johann ausgesprochene Verbot für englische Adelsfamilien, in der Normandie Landbesitz zu haben. Er reagierte damit auf eine Verfügung Philipps II., nach der alle in England ansässigen normannischen Adligen in die Normandie zurückkehren mussten, wenn sie nicht ihre dortigen Besitzungen verlieren wollten. Dies war das Ende der länderübergreifenden adligen anglo-normannischen Führungsschicht. Die Nabelschnur zwischen Normandie und England war zerschnitten. Der Ärmelkanal verband ab jetzt nicht mehr, sondern grenzte ab.

Mit der Eingliederung in die französische Krondomäne verlor die Normandie ihren Status als Herzogtum. Sie bewahrte aber ihre regionale Identität. Im Unterschied zu anderen Gebieten des *Angevin Empire* wie den Grafschaften Anjou, Maine und Poitou, die zur Ausstattung jüngerer Königssöhne benutzt wurden, blieb die Normandie in den folgenden Jahrhunderten unter der direkten Herrschaft des Monarchen. Bis zur Französischen Revolution (1789) behielt sie mit Hilfe alter Privilegien in Finanzverwaltung und Rechtsprechung eine Sonderstellung.

Die Konflikte zwischen den einheimischen Angelsachsen und den normannischen Eroberern Englands lieferten schließlich auch den Stoff für Walter Scotts historischen Roman *Ivanhoe* (1820): Der tapfere angelsächsische Ritter Wilfred von Ivanhoe kämpft zur Zeit des Kreuzzugs von Richard Löwenherz gegen die normannischen Unterdrücker. Dabei findet er die Unterstützung eines angelsächsischen Geächteten namens Robin von Locksley (Robin Hood). Die in Scotts Roman enthaltene Mischung aus Sage, Fakten und Fiktion hat nicht zuletzt durch ihre Verfilmungen das Mittelalterbild eines breiten Publikums geprägt.

Die ersten Könige von England aus der Dynastie Plantagenêt:

Heinrich II.	1154–1189
Richard I. Löwenherz	1189–1199
Johann Ohneland	1199–1216

III. Die Verlockungen des Südens

1. Die Normannen in Italien

Pilger, Söldner, Einwanderer Vor dem Jahr 1000 nach Christus kamen 40 Pilger nach Salerno, das damals von Sarazenen belagert wurde und in einer so verzweifelten Lage war, dass es sich ergeben wollte. Die Stadt war bereits seit längerem den Sarazenen tributpflichtig, und jedes Mal, wenn sie mit der Zahlung des jährlichen Tributs im Rückstand war, kamen die Sarazenen mit ihren Schiffen und plünderten und töteten im Umland. Die Pilger aus der Normandie konnten es nicht dulden, dass Christen auf solch schändliche Weise von Sarazenen unterdrückt wurden. Sie gingen zu Fürst Waimar, der Salerno mit Gerechtigkeit regierte, und baten ihn um Waffen und Pferde, um gegen die Sarazenen zu kämpfen, und dies nicht wegen Geldes, sondern weil sie den Hochmut der Sarazenen nicht ertragen konnten.

So berichtet der vermutlich aus Salerno gebürtige Mönch Amatus von Montecassino in seiner um 1076/78 entstandenen lateinischen Geschichte der Normannen, die nur in einer nach 1300 angefertigten französischen Übersetzung überliefert ist. Die Ereignisse lagen damals bereits einige Jahrzehnte zurück, doch moderne Historiker haben gezeigt, dass Amatus' Bericht Vertrauen verdient. Der Mönch schreibt weiter, die Normannen hätten, nachdem sie die Sarazenen besiegt hatten, das Angebot Fürst Waimars III. (gest. 1027), in Salerno zu bleiben, abgelehnt und seien in ihre Heimat zurückgekehrt. Dieser habe ihnen «Zitronen, Mandeln, Konfekt-Nüsse, byzantinische Stoffe und vergoldete Gegenstände» (*citre, amigdole, noiz confites, pailles imperials, ystruments de fer aorné d'or*) mitgegeben, um ihre Landsleute zu überzeugen, in den reichen Süden zu kommen, «wo Milch und Honig fließen».

Von normannischen Pilgern in Süditalien schreibt auch Wilhelm von Apulien in seinem 1095/99 verfassten Geschichtswerk. Normannen, die die Grotte des Erzengels Michael auf dem Monte Gargano in Nordapulien besuchten, hätten dort einen gewissen Meles von Bari getroffen. Dieser habe sie um Hilfe gegen die «Griechen» gebeten, womit die Byzantiner gemeint sind, die damals über Apulien herrschten. Die Normannen hätten versprochen, nach ihrer Rückkehr in die Heimat mit anderen Landsleuten in den Süden zurückzukommen.

Italien war ein Durchgangsland für Jerusalem-Pilger, die sich besonders von Apulien aus ins Heilige Land einschifften. Auf der um das Jahr 1000 immer beliebter werdenden Wallfahrt zu den Stätten des Lebens und Sterbens Jesu Christi besuchte man unterwegs auch andere heilige Orte wie die Apostelgräber in Rom, die erwähnte Michaelsgrotte auf dem Gargano oder später, nachdem dessen Gebeine 1087 dorthin gebracht worden waren, das Grab des heiligen Nikolaus in Bari. Eine Pilgerreise von nördlich der Alpen ins Heilige Land dauerte viele Monate, war teuer und gefährlich. Wallfahrten wurden aus religiöser Begeisterung, als Buße für schwere Vergehen und/oder aus Abenteuerlust unternommen.

Den Nachrichten der Chronisten kann man entnehmen, dass es verschiedene Gründe waren, welche die Normannen zur Auswanderung nach Italien veranlassten: Der Ruf des Südens, in dem wie im gelobten Land der Bibel Milch und Honig zu fließen schienen; ferner die dortige unsichere politische Lage, die junge Leute anzog, um sich als Ritter eine neue Existenz aufzubauen. Hinzu kam, dass in der Normandie des 11. Jahrhunderts für viele von ihnen kein Platz mehr war. Wie in anderen Gebieten Europas blieben bei zunehmender Bevölkerung die Erträge der Landwirtschaft bescheiden. Außerdem setzte sich damals in den Adelsfamilien das Prinzip der Primogenitur durch: Nur der Erstgeborene beerbte den Vater, die anderen Söhne mussten anderswo ihr Auskommen finden. Auch Konflikte von Angehörigen des mittleren und niederen Adels mit dem Herzog sowie untereinander konnten ein Motiv dafür sein, in der Fremde sein Glück zu suchen. Auslöser waren beispielsweise die politische Instabilität nach dem Tod der Herzöge Richard II. (1026) und Robert I. (1035) sowie das harte Durchgreifen Herzog Wilhelms ab Mitte der 40er Jahre des 11. Jahrhunderts.

Süditalien selbst war ein ausgesprochen unübersichtliches Territorium, über das drei Mächte die Herrschaft beanspruchten: die deutschen Könige, die sich als Nachfolger der weströmischen Kaiser betrachteten; die oströmischen Kaiser in Byzanz, die diesen Anspruch nicht anerkannten und sich als alleinige Erben Roms ansahen; und schließlich die Bischöfe von Rom, die Päpste, die sich auf die bereits erwähnte sogenannte Konstantinische Schenkung beriefen, aus der sie eine päpstliche Einflussnahme auf Süditalien ableiteten. Doch keiner von ihnen war in der Lage, seinen Anspruch durchzusetzen.

Im 6. Jahrhundert hatten die von nördlich der Alpen eingewanderten Langobarden große Teile Italiens erobert. Lediglich einige Küstengebiete und der Süden der Halbinsel waren unter byzantinischer Herrschaft geblieben. Im Jahr 774 eroberte der Frankenkönig Karl der Große das langobardische Königreich mit der Hauptstadt Pavia (35 km südlich von Mailand) und vereinigte es mit seinem fränkischen Reich. Nur das südlich von Rom gelegene langobardische Herzogtum Benevent konnte seine Selbständigkeit bewahren, indem es im Jahr 787 Karls Hoheit anerkannte. Später spaltete es sich in drei Fürstentümer (Benevent, Capua und Salerno). An der Westküste Italiens, im

Süden von Rom, entstanden in nachkarolingischer Zeit einige kleinere Stadtstaaten (offiziell Herzogtümer): Gaeta, Neapel, Amalfi und Sorrent (s. Karte S. 60). Sie erkannten zwar die Herrschaft des byzantinischen Kaisers an, waren aber in der Praxis unabhängig. Apulien und Kalabrien waren hingegen byzantinische Provinzen, während das bisher ebenfalls byzantinische Sizilien im 9. und 10. Jahrhundert von den Arabern erobert wurde.

Die politischen Grenzen entsprachen jedoch nicht immer den kulturellen und religiösen. Die Bevölkerung Kampaniens, Nord- und Mittelapuliens sprach eine auf das antike Latein zurückgehende Sprache und fühlte sich dem römisch-katholischen Christentum zugehörig; die Bevölkerung Südapuliens und Kalabriens war hingegen vorwiegend griechischsprachig und feierte die Liturgie im byzantinischen Ritus. Im Westen und Süden Siziliens lebten hauptsächlich eingewanderte Araber und Berber sowie Einheimische, die die arabische Sprache und den Islam angenommen hatten; im Nordosten der Insel hatte ein Großteil der Bevölkerung dagegen die griechische Sprache und das orthodoxe Christentum bewahrt. Daneben gab es in ganz Süditalien, vor allem in den Städten, bedeutende jüdische Gemeinden. In dieses Mosaik von Völkern, Kulturen und Religionen drangen nun die Normannen ein und brachten es im Laufe eines Jahrhunderts unter ihre Herrschaft.

Anders als die normannische Eroberung Englands war die Herrschaftsbildung im Süden kein einheitlicher Prozess, sondern erfolgte in mehreren Phasen. Sie begann mit einer langsamen und regional unterschiedlichen Sesshaftwerdung von einigen Hundert Rittern und wenigen Frauen. Zu Beginn des 11. Jahrhunderts lebten vermutlich nur etwa 250 normannische Ritter in Süditalien; erst nach 1040 nahm ihre Zahl deutlich zu: Moderne Historiker vermuten, dass im Laufe des 11. Jahrhunderts etwa 2000 bis 2500 Normannen (aus der Sicht der Süditaliener waren alle von nördlich der Alpen kommenden Migranten «Nordmänner») einwanderten. Es handelte sich also um keine «Völkerwanderung» wie bei den germanischen Langobarden, die im 6. Jahrhundert mit Frauen, Kindern, Sklaven und

Süditalien und Sizilien
Spoleto
Rieti
Pescara
Abruzzen
Tiber
Sulmona
Rom
Adria
Monte Gargano
Siponto
Montecassino
Volturno
Boiano
Foggia
Troia
Gaeta
Benevento
Ascoli
Trani
Ofanto
Bari
Capua
Avellino
Ariano
Aversa
Melfi
Venosa
Neapel
Kampanien
Apulien
Bràdano
Potenza
Montescaglioso
Brindisi
Ischia
Salerno
Amalfi
Capri
Basilicata
Tarent
Lecce
Agri
Otranto
Gallipoli
Crati
Rossano
Tyrrhenisches Meer
Cosenza
Kalabrien
Crotone
Nicotera
Mileto
Liparische Inseln
Ionisches Meer
Messina
Palermo
Patti
Reggio
Cefalù
Val Demone
Trapani
Cerami
Taormina
Troina
Mazara
Sizilien
Enna
Catania
Mittelmeer
Agrigent
Salso
Syrakus
Noto
Nordgrenze des Königreichs Sizilien (ab 1144)
0 50 100 150 km

Vieh nach Italien zogen und deren Zahl auf 100 000 bis 150 000 geschätzt wird.

Die ersten normannischen Ritter unterstützten, vermutlich auch auf Wunsch Papst Benedikts VIII. (1012–24), den von Meles von Bari angeführten Aufstand gegen die byzantinische Herrschaft. Sie wurden jedoch im Jahr 1018 in der Nähe des antiken Cannae (heute Canne della Battaglia) im nördlichen Apulien, wo Hannibal einst die Römer geschlagen hatte, von byzantinischen Truppen besiegt. Meles suchte Zuflucht bei Kaiser Heinrich II. (1002–24) in Bamberg, von dem er sich Hilfe gegen die Byzantiner erhoffte. Die etwa 80 normannischen Ritter, die in der Schlacht mit dem Leben davongekommen waren, begaben sich in den Dienst verschiedener Herren: der langobardisch-süditalienischen Fürsten, des Abts von Montecassino und des byzantinischen Kaisers.

Auch Papst Benedikt VIII. reiste 1020 nach Bamberg, um Heinrich II. zu einem Eingreifen in Apulien zu veranlassen. Kaiser Otto I. hatte 972 die byzantinische Herrschaft über Apulien und Kalabrien anerkannt, um die Heirat seines Sohns Otto II. mit der byzantinischen Prinzessin Theophanu zu erreichen. Seine Nachfolger auf dem römischen Kaiserthron bestanden aber auf ihrem Recht, über ganz Italien zu herrschen. In der Praxis war dies allerdings nur schwer durchzusetzen, wie Heinrich II. erfuhr, als er 1022 der Aufforderung des Papstes nachkam. Es gelang ihm zwar, in Capua, Benevent und Salerno die langobardischen Fürsten zur Anerkennung seiner Hoheit zu bewegen; der Versuch, mit seinem Heer die wenige Jahre zuvor vom byzantinischen Statthalter Basilios Boioannes zur Verteidigung der nördlichen Grenze Apuliens gegründete Stadt Troia zu erobern, scheiterte hingegen.

In den folgenden Jahren dauerten die seit langem bestehenden Konflikte zwischen den süditalienischen Fürsten an, so dass immer wieder normannische Söldner gebraucht wurden. Um die Nordgrenze seines Herrschaftsbereichs gegen Fürst Pandulf IV. von Capua zu sichern, baute Herzog Sergius IV. von Neapel um 1030 die bis dahin unbedeutende kleine Siedlung Aversa, 15 km nördlich von Neapel, zu einer befestigten Stadt aus und vertraute sie normannischen Rittern an. Ihrem Anführer, einem gewissen Rainulf, gab Sergius seine verwitwete Schwester zur Frau, um sich durch das Band der Verwandtschaft dessen Treue zu sichern. Als die Frau starb (um 1034), fühlte sich der Normanne nicht mehr an den Herzog von Neapel gebunden und wechselte die Front. Nun trat er in den Dienst Fürst Pandulfs von Capua und heiratete dessen Nichte.

Bald bot sich dem Normannenführer eine neue Gelegenheit, seine Stellung zu verbessern. Im Jahr 1038 griff Kaiser Konrad II. (1024–39) auf Drängen der Mönche von Montecassino in Süditalien ein und setzte Pandulf ab. Das Fürstentum Capua verlieh der Kaiser an Fürst Waimar IV. von Salerno (gest. 1052), und auf dessen Wunsch ernannte er Rainulf zum Grafen von Aversa – für den Normannen eine erhebliche soziale Aufwertung.

Als der byzantinische Kaiser im Spätsommer 1038 einen Versuch zur Rückeroberung des unter arabischer Herrschaft stehenden Sizilien unternahm und Waimar IV. um Unterstützung bat, schickte dieser ihm 300 Ritter, darunter auch die Brüder Wilhelm und Drogo von Hauteville, die ältesten von zwölf Söhnen Tankreds, eines kleinen Adligen aus der niederen Normandie. Die Normannen kämpften in einem Kontingent, das von einem Norditaliener namens Arduin angeführt wurde. Als das anfangs erfolgreiche Unternehmen scheiterte, kehrten sie nach Süditalien zurück.

Arduin wurde Ende 1040 zum byzantinischen Kommandanten der wenige Jahrzehnte zuvor an der Grenze zwischen Apulien und der Basilicata gegründeten Stadt Melfi ernannt. Doch anstatt die Revolte der über die hohen Steuern klagenden Apulier niederzuschlagen, machte Arduin sich im März 1041 selbständig: Mit Hilfe der Hauteville-Brüder und anderer Normannen eroberte er einige benachbarte Städte wie z. B. Venosa. Nach Angabe des aus der Normandie nach Italien emigrierten Mönchs Gottfried Malaterra, der Ende des 11. Jahrhunderts eine Chronik verfasste, ließen sich damals 500 normannische Ritter in Melfi nieder. So wurde diese Stadt neben Aversa zum zweiten wichtigen Stützpunkt der Normannen in Süditalien.

Die Eroberung Süditaliens Bis dahin waren die normannischen Einwanderer im Dienst fremder Herren tätig gewesen; nun begannen sie sich selbständig zu organisieren. Die in Melfi ansässig gewordenen Normannen wählten im September 1042 Wilhelm von Hauteville (genannt Eisenarm) zu ihrem Anführer (Grafen). Dieser heiratete einige Monate später eine Nichte Waimars IV. von Salerno, der sich mittlerweile als «Herzog von Apulien» bezeichnen ließ und die Expansion der Normannen, die auch seinen eigenen Herrschaftsbereich erweiterte, unterstützte. Dadurch rief er allerdings den Unmut des deutschen Königs Heinrich III. (1039–56) hervor, der 1046 nach Rom zog, um sich zum Kaiser krönen zu lassen. Anfang 1047 machte Heinrich III. einen kurzen Abstecher in den Süden. Hier entzog er Waimar seine Herrschaftsansprüche auf Apulien und Aversa, so dass dieser sich in Zukunft mit dem Fürstentum Salerno begnügen musste; das Fürstentum Capua wurde an Pandulf IV. zurückgegeben. Außerdem bestätigte der Kaiser Drogo von Hauteville, der inzwischen die Nachfolge seines verstorbenen Bruders Wilhelm angetreten hatte, als Graf von Apulien sowie Rainulf II. als Graf von Aversa. Damit hatten die Normannen eine weitere Legitimation ihrer Stellung erreicht. Drogo heiratete bald darauf eine Tochter Waimars IV. und besiegelte so seinen Aufstieg.

Während Waimars Macht in den nächsten Jahren abnahm, wurden die Normannen immer stärker und selbstbewusster. Zu den ersten Exilanten gesellten sich zunehmend normannische Adlige, die von den Erfolgen ihrer Landsleute gehört hatten. So folgten ihren älteren Brüdern sechs weitere Mitglieder der Familie Hauteville, unter denen sich Robert Guiscard (der Listige) besonders hervortat. Sein Bruder Drogo schickte ihn nach Kalabrien, wo sich Robert zunächst als eine Art Räuberhauptmann mit einer Bande von 60 Gefährten teils slawischer Herkunft durchschlug. Um 1050 gelang es ihm, das Vertrauen seines Landsmanns Gerard zu gewinnen, der sich bei Buonalbergo in der Umgebung von Benevent niedergelassen hatte. Dieser gab Robert seine junge Tante Alberada zur Frau und stellte ihm 200 Ritter zur Verfügung. Damit begann die fulminante Karriere des Robert Guiscard, der bald zum mächtigsten Mann in Süditalien aufstieg und es am Ende seines Lebens sogar wagte, das byzantinische Kaiserreich anzugreifen.

Die Söhne Tankreds von Hauteville

aus 1. Ehe mit Muriella:
- Wilhelm Eisenarm, Graf von Apulien, gest. 1046
- Drogo, Graf von Apulien, gest. 1051
- Humfred, Graf von Apulien, gest. 1057
- Gottfried, Graf von Capitanata, gest. 1063
- Serlo (erbt väterliches Gut in der Normandie)

aus 2. Ehe mit Fresendis:
- Robert Guiscard, Graf von Apulien, Herzog von Apulien, Kalabrien und Sizilien, gest. 1085
- Malgerius, Graf von Capitanata, gest. vor 1059
- Wilhelm, Graf von Principato, gest. um 1080
- Alfred (nicht in Italien erwähnt)
- Hubert (nicht in Italien erwähnt)
- Tankred (nicht in Italien erwähnt)
- Roger I., Graf von Sizilien, gest. 1101

Der Erfolg der Normannen kollidierte jedoch zunächst mit den Ansprüchen des Papsttums auf Süditalien. Papst Leo IX. (1049–54), mit dem die Reihe der sogenannten Reformpäpste beginnt, wollte Papsttum und Kirche wieder zu neuem Glanz bringen und war entschlossen, die normannischen Eindringlinge, die sich an Kirchengut vergriffen, mit Hilfe des römisch-deutschen und des byzantinischen Kaisers aus Italien zu vertreiben. Auf seinem Programm stand auch, Süditalien und Sizilien wieder der kirchlichen Jurisdiktion Roms zu unterstellen. Mit der Tatsache, dass seit dem Ende des 8. Jahrhunderts die griechisch geprägten Gebiete Süditaliens nicht mehr dem Papst, sondern dem Patriarchen von Konstantinopel unterstanden, wollte er sich nicht abfinden. Es ist bezeichnend für die großen Pläne Leos IX., dass er 1050 einen seiner engsten Mitarbeiter, Kardinal Humbert von Silva Candida, zum Erzbischof von Sizilien ernannte, obwohl die Insel noch in der Hand der Muslime war.

Im Frühjahr 1053 zog Leo IX. mit 300 von ihm in Deutschland angeworbenen Rittern und einem Kontingent süditalienischer Soldaten, das vom Herzog von Gaeta angeführt wurde, nach Apulien, um sich dort mit apulisch-byzantinischen Truppen zu vereinen. Die Normannen hielten das päpstliche Heer jedoch bereits an der Nordgrenze Apuliens bei Civitate (nördlich von Foggia) auf. Sie boten dem Papst an, seine Hoheit anzuerkennen und seine Gefolgsleute zu werden, wenn er auf den Kampf verzichte. Dieser lehnte ab, so dass es am 18. Juni 1053 zur Schlacht kam, die mit einem vollständigen Sieg der Normannen endete. Dennoch gab der Papst nicht nach und weigerte sich, mit den Normannen eine Übereinkunft zu schließen.

Doch in den folgenden Jahren setzte an der römischen Kurie ein Umdenken ein, das durch drei neue Faktoren bedingt war. Zum einen verschlechterte sich das Verhältnis Roms zu Byzanz: 1054 exkommunizierten sich der päpstliche Gesandte und der Patriarch von Konstantinopel gegenseitig nach Streitigkeiten über den römischen Primatsanspruch und dogmatisch-liturgische Fragen. Zum anderen waren die byzantinischen Kaiser nicht in der Lage, Truppen nach Italien zu senden. Und drittens war nach dem frühen Tod Kaiser Heinrichs III. (1056), der einen unmündigen Nachfolger hinterließ, auch von nördlich der Alpen keine Hilfe mehr zu erwarten. Die einzige politische Option, die den Päpsten blieb, war eine Einigung mit den immer mächtiger werdenden Normannen.

Robert Guiscard, der 1057 die Nachfolge seines Bruders Humfred als Führer der Normannen in Apulien antrat, stärkte seine Stellung durch eine Allianz mit Fürst Gisulf II. von Salerno, dessen Schwester Sikelgaita er Ende 1058 heiratete. Die Ehe mit Alberada, die ihm einen Sohn, Bohemund, den späteren Kreuzfahrer und Fürsten von Antiochia, geboren hatte, ließ Robert für ungültig erklären. Als Grund führte er seine kirchenrechtlich ein Ehehindernis darstellende Verwandtschaft mit Alberada an, die ihm zuvor entgangen war. Auch die Normannen von Aversa blieben nicht untätig: Ihr Führer, Graf Richard, eroberte Capua und legte sich eigenmächtig den Titel des Fürsten von Capua zu. Abt Desiderius von Montecassino machte gute Miene zum bösen Spiel und empfing den neuen Fürsten im Kloster des heiligen Benedikt «wie einen König»; dieser bedankte sich mit großzügigen Schenkungen und dem Schutz der Abtei.

Auch in Rom begann man, sich mit den Normannen zu arrangieren: Mit Hilfe von 300 Rittern, die ihm Richard von Aversa schickte, gelang es Papst Nikolaus II., sich gegen seinen Rivalen Benedikt X. durchzusetzen. Im Frühjahr 1059 fand im römischen Lateran eine Synode statt, in der unter anderem die Papstwahl neu geregelt wurde. Einige Monate später zog der Papst nach Melfi, wo er in Anwesenheit der Normannenführer eine weitere Synode abhielt und Richard von Aversa als Fürst von Capua bestätigte. An Robert Guiscard verlieh er den Titel «Herzog von Apulien, von Kalabrien und mit Hilfe Gottes und des heiligen Petrus in Zukunft von Sizilien». Richard und Robert schworen dem Papst die Treue und erkannten ihn als Lehnsherren an. Damit wurden die Eroberungen der Normannen legalisiert und ihre Herrschaft formell anerkannt – bezeichnenderweise durch eine Instanz, die über die Gebiete in Süditalien nicht faktisch verfügte, sondern allenfalls ideelle, etwa aus der Konstantinischen Schenkung abgeleitete Ansprüche geltend machen konnte. Beide Parteien profitierten gleichermaßen von der Verbindung: Die Normannen erlangten eine wichtige Legitimation ihres Aufstiegs, der Papst konnte seinen Einfluss über Süditalien demonstrieren und sich der Hilfe starker Verbündeter versichern.

Robert Guiscard hatte durch die ihm vom Papst verliehene Herzogswürde eine Position erlangt, die ihn über die normannischen Grafen stellte. Während er Kalabrien rasch unterwerfen konnte, dauerte es noch zwölf Jahre, bis Apulien unter normannischer Herrschaft stand. Dies lag auch daran, dass einige normannische Grafen, die teilweise mit ihm verwandt waren, auf eigene Faust agierten und sich ihm nicht unterordnen wollten. Robert Guiscard konnte ihre Aufstände, die vom byzantinischen Kaiser mit Geld unterstützt wurden, zwar niederschlagen, doch seine Herrschaft über Apulien erforderte immer wieder seine Präsenz.

Mit der Einnahme der apulischen Hauptstadt Bari, die sich im Frühjahr 1071 nach fast dreijähriger Belagerung ergab, war die Eroberung Apuliens abgeschlossen. Für die Bevölkerung änderte sich dadurch zunächst wenig, sie unterstand jetzt statt dem byzantinischen Kaiser dem normannischen Herzog. Robert Guiscards jüngster Bruder Roger I., der die Eroberung Siziliens, auf die wir noch gesondert eingehen werden, vorantrieb, hatte ihn bei der Eroberung Baris zeitweise unterstützt. Im Gegenzug half Robert ihm anschließend bei der Einnahme der sizilianischen Hauptstadt Palermo, die im Januar 1072 erfolgte.

Kurz zuvor war in Kleinasien ein Ereignis eingetreten, das schwerwiegende Folgen hatte: Das byzantinische Heer erlitt im August 1071 bei der ostanatolischen Grenzfestung Manzikert (heute Malazgirt, nördlich des Van-Sees) eine vernichtende Niederlage gegen die türkischen Seldschuken, bei der Kaiser Romanos IV. Diogenes in Gefangenschaft geriet. Nun stand diesen Reiternomaden der Weg nach Anatolien offen. Das Byzantinische Reich machte in den folgenden Jahren eine schwere innenpolitische und finanzielle Krise durch. Denn mit dem Verlust großer Teile Anatoliens büßte der byzantinische Kaiser nicht nur Steuereinnahmen ein, sondern auch ein wichtiges Rekrutierungsreservoir für seine Armee, so dass er immer stärker auf Söldner angewiesen war (s. Kap. III.2). Gleichzeitig verlagerte sich der wirtschaftliche Schwerpunkt des Byzantinischen Reichs in die Balkanprovinzen, während Italien sich selbst überlassen blieb.

In dieser schwierigen Situation bot Michael VII. Dukas (1071–78), der nach der Gefangennahme Romanos' IV. zum byzantinischen Kaiser proklamiert worden war, dem normannischen Herzog ein Heiratsbündnis an. Robert Guiscard akzeptierte das Angebot erst im Jahr 1074, nachdem sich die Stellung Michaels VII. konsolidiert hatte. Nun wurde Roberts Tochter Olympias, die nach ihrer Ankunft in Byzanz (1076) den Namen Helena annahm, mit Konstantin, dem noch in den Windeln liegenden Sohn des Kaisers, verlobt. Damit hatte der Normanne eine familiäre Verbindung mit dem byzantinischen Kaiserhaus angeknüpft, die sein Ansehen weiter steigerte.

Konflikte mit dem Papsttum und Byzanz Die normannisch-päpstliche Allianz funktionierte anfangs recht problemlos. Im Jahr 1061 half Richard von Capua Papst Alexander II. (gest. 1073), sich gegen die mächtigen römischen Adelsfamilien durchzusetzen, die den unter dem Druck des deutschen Königshofs gewählten Gegenpapst Honorius II. (Bischof Cadalus von Parma) unterstützten. Das Verhältnis zwischen Alexander II., der die Autorität der römischen Kirche in Süditalien ausdehnte, und den Normannen wurde jedoch belastet durch das normannische Ausgreifen in die römische Campagna und die Abruzzen, also in Gebiete, die in unmittelbarer Nähe des päpstlichen Herrschaftsbereichs lagen, des *Patrimonium Sancti Petri* (Erbgut des heiligen Petrus) genannten späteren Kirchenstaats.

Als auf den kompromissbereiten Alexander II. der unnachgiebige Gregor VII. (1073–85) folgte, kam es zum offenen Konflikt. Der neue Papst begab sich im Sommer 1073 nach Benevent. Hier unterstellte Fürst Landulf VI. sich ihm als Vasall. Einige Wochen später schwor ihm in Capua auch Fürst Richard die Treue. Richards Beziehungen zu Robert Guiscard hatten sich in letzter Zeit verschlechtert, da er sich nicht nur geweigert hatte, am normannischen Angriff auf Palermo teilzunehmen, sondern auch eine Revolte gegen Robert in Kalabrien unterstützt hatte. Gregor VII. machte hingegen Robert Guiscard für normannische Übergriffe auf Kirchenbesitz verantwortlich und exkommunizierte ihn auf einer Synode im März 1074. Außerdem versuchte er, norditalienische und französische Fürsten zum Eingreifen in Süditalien zu bewegen.

Damit hatte der Papst allerdings ebenso wenig Erfolg wie mit seinem Plan, an der Spitze eines abendländischen Ritterheers ins Heilige Land zu ziehen. Auch seine in den folgenden Jahren mehrfach wiederholten Exkommunikationen Robert Guiscards blieben ohne Wirkung, zumal Gregor darauf verzichtete, ihm die Herzogswürde zu entziehen oder seine Gefolgsleute von ihrem Treueid zu entbinden. Vermutlich wollte der Papst es sich nicht vollständig mit dem Herzog verderben, nachdem sein Konflikt mit dem deutschen König Heinrich IV. (1056–1106) in extremer Weise eskaliert war und Robert Guiscard 1076 das Angebot Heinrichs IV., sein Vasall zu werden, abgelehnt hatte.

Der junge deutsche König setzte trotz päpstlichen Verbots eigenmächtig Bischöfe ein und wagte es im Januar 1076 sogar, Gregor VII. unter anderem wegen unwürdiger Lebensführung für abgesetzt zu erklären. Daraufhin exkommunizierte der Papst den Herrscher, erkannte ihm sein Königtum ab und löste seine Untertanen vom Treueid. Durch diesen damals allgemein als unerhört empfundenen Akt erschütterte Gregor VII. die Grundlagen der auf persönlichen Treueverhältnissen beruhenden deutschen Königsherrschaft. Heinrich IV. blieb keine andere Wahl, als den Papst um Vergebung zu bitten, was er im Januar 1077 mit seinem berühmten Gang nach Canossa dann auch tat. Hier musste der Herrscher sich zwar vor dem Papst erniedrigen, erreichte aber die Aufhebung des Kirchenbanns und konnte sein Amt wieder ausüben.

Während Heinrich IV. in Deutschland mit dem Kampf gegen den von der Fürstenopposition gewählten Gegenkönig Rudolf von Rheinfelden beschäftigt war, den er erst im Oktober 1080 erfolgreich beenden konnte, erneuerte Gregor VII. 1078 die Exkommunikation der italienischen Anhänger Heinrichs IV. und aller Normannen, die das Land des heiligen Petrus bedrohten. Zwei Jahre später, im März 1080, exkommunizierte der Papst den König erneut, der jedoch diesmal den größten Teil des deutschen und lombardischen Episkopats hinter sich hatte. Eine am Pfingsttag (31. Mai) in Mainz abgehaltene Synode erklärte die Absetzung Gregors VII.; einige Wochen später, am 25. Juni, wählten die deutschen und italienischen Bischöfe in Brixen Erzbischof Wibert von Ravenna zum neuen Papst.

Für Gregor VII. waren in dieser bedrohlichen Lage die Normannen seine einzige Hoffnung. Robert Guiscard hatte seine Stellung durch die Aussöhnung mit Richard von Capua (1076) und die Eroberung Salernos (1077) gestärkt und begonnen, Benevent zu belagern, das Kaiser Heinrich III. 1052 Papst Leo IX. überlassen hatte und das seitdem von den Päpsten beansprucht wurde. Nach fünf Monaten war der Herzog jedoch gezwungen, die Belagerung abzubrechen, denn nach dem Tod Richards von

Capua (am 5. April 1078) verbündete sich dessen Nachfolger Jordan I. (gest. 1090) mit dem Papst und fiel ihm in den Rücken. Nun begab sich Robert Guiscard nach Kalabrien und Apulien, wo er fast ein Jahr damit beschäftigt war, Aufstände niederzuschlagen.

Als seine Auseinandersetzung mit Heinrich IV. erneut eskalierte, hob Gregor VII. die Exkommunikation Robert Guiscards auf. Am 29. Juni 1080 leistete der Herzog dem Papst in Ceprano, an der Grenze zwischen dem päpstlichen und dem normannischen Herrschaftsgebiet, den Vasalleneid. Da Heinrich IV. nach der Synode von Brixen nach Deutschland zurückgekehrt war, um den Gegenkönig Rudolf von Rheinfelden zu bekämpfen, schien von ihm keine unmittelbare Gefahr mehr auszugehen. Gregor unterstützte daher die Absicht Robert Guiscards, «über das Meer zu fahren» und dem 1078 durch einen Militärputsch abgesetzten byzantinischen Kaiser Michael VII. wieder zu seiner Krone zu verhelfen. Dass der 1080 in Apulien aufgetauchte Michael VII., der Herzog und Papst um Hilfe bat, ein Hochstapler war – in Wirklichkeit hatte sich der abgesetzte Kaiser als Mönch in ein Kloster in Konstantinopel zurückgezogen –, störte anscheinend niemanden. Das Byzantinische Reich schien kurz vor dem Zusammenbruch zu stehen.

Robert Guiscard sah die Gelegenheit gekommen, die Adria zu überqueren und auf dem Balkan und im nördlichen Griechenland neue Eroberungen zu machen. Ob der Normanne bis nach Konstantinopel ziehen und die byzantinische Kaiserkrone erlangen wollte, wie die byzantinische Chronistin Anna Komnena um 1140 schreibt, ist zweifelhaft. Dazu war sein Heer nicht groß genug, zumal Konstantinopel von starken Mauern geschützt war und die Normannen sich mit der Eroberung großer Städte schwer taten. Robert Guiscard wollte wahrscheinlich nur auf der Apulien gegenüberliegenden Seite der Adria Gebiete erobern, um damit seinen ältesten Sohn Bohemund auszustatten; dieser war nämlich nach Roberts Heirat mit Sikelgaita zugunsten seines Halbbruders Roger Borsa von der Nachfolge im Herzogsamt ausgeschlossen worden.

Das erste Ziel des normannischen Angriffs war die an der Adria gelegene Stadt Dyrrhachion, das heutige albanische Durrës, der Ausgangspunkt der römischen Via Egnatia, die über Thessaloniki (Saloniki) nach Konstantinopel führte. Robert Guiscard, der ein Heer von 1300 Rittern (so Gottfried Malaterra) zusammengestellt hatte, schickte im Frühjahr 1081 Bohemund mit 300 Rittern voraus, bevor er selbst im Mai mit den restlichen Truppen aufbrach. Als Ausgangspunkt für die Überfahrt über die Adria wählten die Normannen die südapulische Hafenstadt Otranto. Von hier konnte man mit Segelschiffen in zehn Stunden das 72 km entfernte Valona (albanisch Vlorë) erreichen. Die Normannen eroberten zunächst die für die Kontrolle der südlichen Adria wichtige Insel Korfu. Dann zogen sie nach Dyrrhachion und begannen die Stadt zu belagern.

Während die Normannen die Adria überquerten, kam es in Byzanz zu einem neuen Staatsstreich, der den jungen General Alexios I. Komnenos (1081–1118) auf den Thron brachte. Dieser war entschlossen, die normannischen Invasoren zu vertreiben, und traf mit Venedig ein Abkommen, das Byzanz die Unterstützung der venezianischen Flotte sicherte. Mit den bis nach Westanatolien vorgedrungenen Seldschuken schloss der Kaiser zudem eine Vereinbarung, infolge derer er sein Heer mit türkischen Bogenschützen verstärken konnte. Das alles nutzte jedoch wenig, denn das byzantinische Heer, mit dem Alexios I. den Normannen am 18. Oktober 1081 bei Dyrrhachion entgegentrat, erlitt eine schwere Niederlage. Nach der Einnahme der Stadt im Februar 1082 war Albanien in normannischer Hand. Der Weg in das griechische Thessalien stand offen.

In der Zwischenzeit hatte der byzantinische Kaiser allerdings mit Erfolg Geld eingesetzt, um in Apulien unter den stets unruhigen normannischen Grafen Aufstände zu schüren. Im April/Mai 1082 sah Robert Guiscard sich daher gezwungen, das Kommando über das Heer seinem Sohn Bohemund zu überlassen und nach Apulien zurückzukehren. Die Niederschlagung seiner aufständischen Landsleute dort sollte den Herzog mehr als ein Jahr in Anspruch nehmen. In der Zwischenzeit gingen fast alle albanisch-griechischen Eroberungen wieder verloren, wobei auch hier byzantinische Bestechungsgelder zur Auflösung des normannischen Heeres beitrugen. Nachdem die Venezianer, deren Flotte die Adria kontrollierte, Dyrrhachion erobert hatten, musste Bohemund Ende 1083 erfolglos nach Apulien zurückkehren.

Indessen wurde der von Heinrich IV. auf Papst Gregor VII. ausgeübte Druck stärker. Nach zwei vergeblichen Anläufen in den Jahren 1081 und 1082 eroberte der deutsche König Anfang Juni 1083 die um die Peterskirche gelegene sogenannte Leostadt (nach Papst Leo IV., gest. 855, benannt), die in etwa dem heutigen Vatikan entspricht. Nur die Engelsburg und die römische Altstadt blieben in der Hand Gregors VII. Heinrich IV. rückte bald wieder nach Norden ab, so dass die Ruhe in Rom wiederhergestellt schien; gegen Ende des Jahres besetzten deutsche Ritter indes erneut die Leostadt. Vergeblich versuchten die Römer, die die Leidtragenden der Kampfhandlungen waren, den Papst zu einer Einigung mit dem König zu bewegen. Schließlich öffneten sie im Frühjahr 1084 Heinrich IV. die Stadttore, um weiteres Blutvergießen zu vermeiden. Jetzt wurde Wibert von Ravenna, der den Namen Clemens III. annahm, in aller Form zum Papst gewählt und krönte den deutschen König zum römischen Kaiser.

Verzweifelt rief der in der Engelsburg eingeschlossene Gregor VII. nun die Normannen zu Hilfe. Als Robert Guiscard und seine Truppen Ende Mai 1084 Rom erreichten, war der Kaiser bereits wieder abgezogen. Die Normannen konnten ohne große Mühe den Widerstand der Römer brechen und Gregor aus der Engelsburg befreien. Die Schuld für die dabei angerichteten Verwüstungen wurde Gregor VII. zugeschrieben, der gezwungen war, unter dem Schutz der Normannen Rom zu verlassen. Nach einem Aufenthalt in Benevent begab er sich schließlich nach Salerno, wo er im Mai 1085 starb.

Der Normannenherzog gab unterdessen seine auf den Balkan gerichteten Pläne trotz der schweren Rückschläge, die Bohemund erlitten hatte, nicht auf. Ungeachtet der vorgerückten Jahreszeit – normalerweise ruhte die Seefahrt im Herbst und Winter wegen des ungünstigen Wetters – überquerte Robert Guiscard im Oktober 1084 die Adria, wurde dann aber mit seinen Schiffen bei Butrinto, an der Meerenge von Korfu nahe der heutigen albanisch-griechischen Grenze, zwei Wochen lang durch Stürme festgehalten. Er konnte zwar die Insel Korfu zurückerobern, doch im Winterlager bei Vonitsa (Bundicia) brach eine auch durch Hunger und Kälte hervorgerufene Epidemie aus, der etwa 500 Ritter zum Opfer fielen. Bohemund kehrte krank nach Salerno zurück, während sein Vater trotz der großen Verluste nicht an einen Rückzug dachte. Im Frühjahr 1085 schickte Robert Guiscard eine Vorhut seiner Flotte unter seinem zur Nachfolge im Herzogsamt bestimmten Sohn Roger Borsa zur Insel Kefalonia (südlich von Korfu), vielleicht mit der Absicht, anschließend den Peloponnes zu erobern. Als der Herzog selbst in Kefalonia ankam, erkrankte er schwer und starb wenige Tage später, am 17. Juli 1085. Durch den Tod ihres charismatischen Führers demoralisiert, kehrten die Normannen nach Apulien zurück.

Eine Bilanz der Unternehmungen Robert Guiscards fällt zwiespältig aus. Am Beginn stehen große Erfolge wie sein fast sagenhafter Aufstieg vom mittellosen normannischen Emigranten zum Grafen von Apulien und schließlich zum Herzog von ganz Süditalien, auf dessen Hilfe die Päpste angewiesen waren. Ihm gelang die Eroberung der bis dahin byzantinischen Provinzen Apulien und Kalabrien; doch seine Herrschaft wurde immer wieder von Aufständen normannischer Großer, die dort Besitz und Macht erlangt hatten, in Frage gestellt. Gegen Ende seines Lebens, vermutlich in der Auffassung, das krisengeschüttelte byzantinische Kaiserreich stehe kurz vor dem Zusammenbruch, provozierte der Normannenherzog durch den Angriff auf die Balkanprovinzen Kaiser Alexios I., der ihm stärkeren Widerstand leistete als erwartet. Die von Byzanz mit Geld unterstützten Aufstände in Apulien zwangen Robert Guiscard schließlich, nach Italien zurückzukehren, wo er zudem in Rom dem bedrängten Gregor VII. zu Hilfe kommen musste. Der Tod des fast siebzigjährigen Heerführers auf seinem letzten, wenig aussichtsreichen Feldzug gegen Byzanz zeigt nachdrücklich, dass er ein charismatischer Heerführer, aber kein umsichtiger Politiker war.

Die Eroberung Siziliens Robert Guiscards jüngster Bruder, Roger I., hatte keine so weitreichenden Pläne. Er konzentrierte sich ganz darauf, Sizilien der Herrschaft der Muslime zu entreißen. Die bis dahin byzantinische Insel war im Laufe des 9. Jahrhunderts von Arabern und Berbern erobert worden, die Palermo zur neuen Hauptstadt gemacht hatten. Hier regierten ab 948 Emire aus der Dynastie der Kalbiden, die theoretisch den in Ifrīqiya, dem heutigen Tunesien, und dann auch in Ägypten herrschenden schiitischen Fatimiden unterstanden, praktisch jedoch selbständig waren. Infolge einer zunehmenden Einwanderung von Berbern aus Nordafrika und der Konversion eines Teils der einheimischen christlichen Bevölkerung zum Islam waren um 1050 mehr als zwei Drittel der Bewohner Siziliens Muslime; die meisten Christen lebten im Val Demone im Nordosten der Insel. Als die Kalbiden-Emire in Palermo zunehmend an Macht verloren, zerfiel Sizilien in kleinere Herrschaftsbereiche unter lokalen Machthabern, die sich gegenseitig bekämpften.

Damit bestanden günstige Voraussetzungen für Angriffe auf die Insel. Dies zeigte der bereits erwähnte byzantinische Feldzug von 1038–40, an dem auch normannische Ritter teilgenommen hatten. Zwanzig Jahre später, im Februar 1061, rief der lokale Machthaber (*qā'id*) Ibn al-Thumna Roger I. zu Hilfe. Er hatte Syrakus und Catania erobert und lag im Streit mit seinem Schwager Ibn al-Ḥawwās, der die Gegend um Agrigent und Enna (früher Castrogiovanni) kontrollierte. Die Normannen, die vielleicht schon vorher kleinere Angriffe auf die Ostküste Siziliens unternommen hatten, konnten im Sommer 1061 ohne große Mühe Messina erobern. Das Unternehmen wurde von Robert Guiscard und Roger I. gemeinsam durchgeführt. Der Herzog hatte seinen jüngsten Bruder, der um 1055 aus der Normandie gekommen war, zuvor auch an der Eroberung Kalabriens beteiligt, die 1060 mit der Einnahme von Reggio ihren Abschluss fand.

Mit Messina war ein wichtiger Brückenkopf erobert worden, der die Meerenge zwischen Kalabrien und Sizilien sicherte. Bis die Insel vollständig unter normannischer Herrschaft stand, sollten aber noch dreißig Jahre vergehen. Dieser lange Zeitraum hatte mehrere Gründe: Roger I. war mit seinem vergleichsweise kleinen Kontingent an normannischen Rittern und anderen Soldaten meist auf sich allein gestellt. Robert Guiscard half ihm nur in der ersten Phase der Eroberung, die mit der Einnahme Palermos Anfang 1072 endete. Zudem musste Roger mehrfach seinem Bruder in Kalabrien und Apulien bei der Niederschlagung von Aufständen helfen. Außerdem gab es auf Sizilien, im Unterschied zur süditalienischen Halbinsel, keine bereits vorher eingewanderten Normannen, und die griechisch-orthodoxe Bevölkerung, von der man sich Hilfe erhoffen konnte, konzentrierte sich auf den Nordosten der Insel.

Nach der Eroberung von Palermo übertrug Robert Guiscard seinem Bruder, der bereits nach der Einnahme Messinas den Titel eines Grafen von Sizilien angenommen hatte, offiziell die Herrschaft über die Insel. Der Herzog behielt nur die Hälfte Palermos, Messinas und des Val Demone für sich. In den folgenden Jahren brachte Roger I. die nördliche Hälfte der Insel unter seine Kontrolle. Nach dem Tod Robert Guiscards (1085) konnte er sich ganz auf Sizilien konzentrieren. So gelang es ihm in wenigen Jahren, den Rest der Insel zu unterwerfen, bis sich im Februar 1091 als letzte Stadt Noto im äußersten Süden der Insel ergab. Einige Monate später konnte Roger I. auch die benachbarten Inseln Malta und Gozo unter seine Herrschaft bringen.

Für die muslimische Mehrheit der Insel änderte sich zunächst wenig. Die Einnahme der meisten Städte war nur durch Verhandlungen gelungen, in denen den Einwohnern die Beibehaltung ihres Glaubens und eine weitgehende Selbstverwaltung zugestanden wurde. Jetzt mussten die Muslime allerdings die Kopfsteuer (arab. *jizya*) zahlen, die unter muslimischer Herrschaft von den Juden und Christen entrichtet worden war; ein entsprechender sozialer Abstieg war die Folge. Mit der Verwaltung der Steuereinnahmen beauftragte Roger I. griechisch-christliche Sizilianer, die des Arabischen mächtig waren. Der Graf tolerierte den Glauben der muslimischen Bevölkerungsmehrheit, gleichzeitig förderte er die Einwanderung griechischer Christen aus Kalabrien und vor allem lateinischer Christen aus anderen Teilen Italiens, die den Normannen sprachlich und kulturell näher standen. Mit der (Wieder-)Errichtung lateinischer Bischofssitze in Palermo, Troina, Catania, Syrakus, Agrigent und Mazara schuf der Graf die Voraussetzungen für eine allmähliche Latinisierung bzw. Romanisierung der Insel, infolge derer im Laufe des 12. Jahrhunderts der arabische und griechische Bevölkerungsanteil zurückging. An der Sozialstruktur Siziliens änderte sich vorläufig kaum etwas, abgesehen davon, dass eine kleine Gruppe von Normannen sich das meiste Land aneignete und zahlreiche islamische Intellektuelle, die nicht unter christlicher Herrschaft leben wollten, in den Maghreb oder das arabische Spanien auswanderten.

Mit Sizilien eroberte der jüngste der Hauteville-Brüder eine Insel, deren Reichtum sich auch wegen des Goldes, das hier durch den Mittelmeerhandel vorhanden war, bald in ganz Europa herumsprach. Über seine Töchter, die aufgrund ihrer hohen Mitgift begehrte Heiratsobjekte waren, gelang es Roger I., verwandtschaftliche Verbindungen anzuknüpfen, die sein Prestige immens steigerten: Eine seiner Töchter, Maximilla, heiratete im Jahr 1095 Konrad (gest. 1101), den Sohn Kaiser Heinrichs IV. Dieser hatte sich mit Unterstützung Papst Urbans II. (1088–99) gegen seinen Vater erhoben und zum König von Italien krönen lassen. Eine andere Tochter Rogers I., deren Name nicht bekannt ist, wurde 1097 mit König Koloman von Ungarn (gest. 1116) vermählt. Der Graf selbst heiratete 1089 in dritter Ehe – seine ersten beiden Gemahlinnen waren Normanninnen gewesen – Adelheid (Adelaide/Adelasia) del Vasto aus dem angesehenen norditalienischen Adelsgeschlecht der Aleramiden, das in Ligurien und im Piemont begütert war. Die Verbindungen zwischen den beiden Familien wurden durch die Heirat zweier Schwestern Adelheids mit zwei Söhnen Rogers I. sowie ihres Bruders Heinrich mit einer Tochter des normannischen Grafen verstärkt. Die Folge war eine Einwanderung weiterer Norditaliener nach Sizilien.

Durch die Rückeroberung der Insel für das Christentum war Roger I. das Wohlwollen der Päpste sicher. Selbst ein so intransigenter Papst wie Gregor VII. sah ausnahmsweise darüber hinweg, dass sich der Graf mit der Gründung von Diözesen und der Einsetzung von Bischöfen Rechte anmaßte, die einem Laien nicht zustanden. Urban II. legalisierte schließlich die besondere Situation der sizilianischen Kirche, indem er dem Grafen und seinen Nachfolgern 1098 außergewöhnliche Privilegien wie die Einberufung von Synoden zugestand, die sonst nur päpstlichen Legaten vorbehalten waren.

Theoretisch war Roger I. seinem Neffen Roger Borsa, dem Sohn und Nachfolger Robert Guiscards als Herzog von Apulien, Kalabrien und Sizilien, unterstellt. In der Praxis war dieser aber auf die Hilfe seines mächtigen Onkels angewiesen. Roger Borsas Hauptproblem war sein älterer Halbbruder Bohemund; dieser fand sich nicht damit ab, dass sein Vater ihn von der Erbfolge ausgeschlossen hatte. Roger Borsa musste ihm schließlich große Teile Südapuliens und die Stadt Bari überlassen. Der Graf von Sizilien wiederum erhielt als Gegenleistung für die Hilfe, die er Roger Borsa geleistet hatte, den herzoglichen Besitz in Sizilien und Kalabrien. Als Roger I. 1101 starb, lag ein sehr erfolgreiches Leben hinter ihm: Vom nahezu mittellosen jüngsten Sohn eines kleinen Adligen in der unteren Normandie, der in der Fremde sein Glück suchen musste, hatte er es zum Grafen von Sizilien und Kalabrien sowie zum Schwiegervater von Königen gebracht. Am Ende des 11. Jahrhunderts war er in Süditalien die eindeutig dominierende Gestalt.

2. Normannen im Nahen Osten und in Spanien

Im Sold von Byzanz Das Byzantinische Reich musste seit dem Ende des 10. Jahrhunderts in zunehmendem Umfang sein Heer durch ausländische Söldner verstärken. 989 schickte Fürst Vladimir von Kiev dem byzantinischen Kaiser 6000 seiner Waräger, wie man in Byzanz die Wikinger nannte. Sie bildeten dort den Kern der kaiserlichen Palastgarde und Leibwache. Gelegentlich wurden sie auch als Elitetruppe eingesetzt, so 1017/18 im Kampf gegen die Normannen in Apulien, wo sie mit ihren Streitäxten zu Fuß kämpften. Vor allem für die Kavallerie, die im 11. Jahrhundert immer größere militärische Bedeutung errang, mussten die Byzantiner Söldner anwerben: als leicht bewaffnete Reiter vorwiegend Armenier und Türken, als schwer bewaffnete Ritter vor allem Normannen. Zunächst handelte es sich meist um Hilfstruppen, die man von lokalen Herrschern erhielt, wie zum Beispiel die 300 normannischen Ritter, die Fürst Waimar IV. von Salerno 1038 dem byzantinischen General Georg Maniakes beim Angriff auf Sizilien zur Verfügung gestellt hatte. Ab 1047 begannen die byzantinischen Kaiser auch direkt in Westeuropa Ritter anzuwerben.

Da die Byzantiner alle von nördlich der Alpen stammenden Ausländer als Franken bezeichneten, ist es äußerst schwierig, abzuschätzen, wie viele der in den byzantinischen Chroniken erwähnten «Franken» Normannen waren. Nur wenn man zeitgenössische lateinische Quellen heranzieht, kann man einige von ihnen als Normannen identifizieren. Erschwerend kommt hinzu, dass die Chronisten die Söldner meist nur dann erwähnten, wenn sie durch Unzuverlässigkeit oder Verrat negativ auffielen – Normalität machte keine Schlagzeilen. Dies zeigen auch drei in den Chroniken überlieferte Fälle, auf die wir im Folgenden eingehen.

Der erste Fall ist der eines normannischen Ritters namens Hervé, über dessen genaue Herkunft nichts bekannt ist. Er war einer der erwähnten 300 Normannen, die 1038–40 am byzantinischen Versuch der Rückeroberung Siziliens teilnahmen. Es ist möglich, dass er zunächst den Brüdern Hauteville nach Melfi folgte, bevor sich in den folgenden Jahren seine Spuren verlieren. Ab 1049 taucht Hervé im byzantinischen Heer als Kommandeur einer Abteilung von «Franken» auf, die gegen die Petschenegen, ein an der Donau ansässig gewordenes Volk türkischer Herkunft, kämpften. Als Kaiser Michael VI. (1056–57) sich weigerte, dem Normannen einen hohen Titel zu verleihen, quittierte dieser den Dienst und zog sich auf ein Landgut zurück, das er im Militärbezirk Armeniakon in Nordanatolien besaß. Hier versammelte Hervé 300 «Franken» um sich und marschierte mit diesen nach Ostanatolien, vielleicht um sich in der Gegend um den Van-See ein eigenes Herrschaftsgebiet aufzubauen. Hervé verbündete sich mit türkischen Machthabern, die ihn aber in eine Falle lockten, gefangen nahmen und an die Byzantiner auslieferten. Kaiser Isaak I. Komnenos (1057–59) nahm ihn jedoch bald wieder ins Heer auf und verlieh ihm auch den Titel, den ihm sein Vorgänger verweigert hatte, sowie das damit verbundene ansehnliche Gehalt. Als Hervé 1063 aufgrund türkischer Bestechungsgelder eine Schlacht vermied, ließ Kaiser Konstantin X. Dukas (1059–67) ihn hinrichten.

Eine ähnliche Karriere machte sein Landsmann Robert Crispin (oder Crespin/Crepin): 1064 nahm er an der Schlacht von Barbastro im Westen Spaniens teil, in der christliche Ritter einen Sieg über die muslimischen Mauren errangen. Zwei Jahre später (1066) finden wir Robert Crispin dann bei seinen Landsleuten in Süditalien. Kurz danach trat der Normanne in den Dienst des byzantinischen Kaisers und nahm 1068 an einem Feldzug in Syrien teil. Mit den von ihm kommandierten Söldnern, vermutlich vorwiegend Normannen, sollte er die Grenze am oberen Euphrat gegen Angriffe der Seldschuken schützen. Da er sich von Kaiser Romanos IV. Diogenes nicht ausreichend belohnt fand, verschanzte er sich 1069 auf einer Burg im Armeniakon und überfiel von hier die kaiserlichen Steuereintreiber in der Umgebung. Roberts Revolte war aber nur von kurzer Dauer: Als er hörte, dass der Kaiser mit einem Heer anrückte, um ihn in die Schranken zu weisen, unterwarf er sich. Romanos IV. begnadigte ihn zwar, entließ ihn jedoch aus der Armee, da er ihm offensichtlich nicht mehr traute. Erst als der Kaiser durch eine Palastrevolte in ernsthafte Schwierigkeiten geriet, rief er den Normannen in seine Dienste zurück. 1073 starb Robert Crispin in Konstantinopel, einem Gerücht nach an Gift.

Größere Ambitionen hatte sein Landsmann Roussel (oder Ursel) von Bailleul, der 1063 in der Schlacht von Cerami im Heer Rogers I. gegen die sizilianischen Muslime gekämpft hatte. Er diente zunächst unter Robert Crispin und führte in der Schlacht von Manzikert (1071) das Kommando über 400 «fränkische» Ritter. Hier entzog Roussel sich jedoch der Feindberührung mit den Seldschuken und überließ Kaiser Romanos IV., der in türkische Gefangenschaft geriet, seinem Schicksal. Der neue Kaiser Michael VII. Dukas nahm Roussel und seine Ritter wieder ins byzantinische Heer auf und schickte sie in den Kampf gegen die Seldschuken. Doch die Normannen desertierten erneut, so dass das byzantinische Heer eine weitere Niederlage erlitt.

Nun machte Roussel sich selbständig und zog mit seinen Soldaten plündernd durch Nord- und Mittelanatolien. Im Gebiet um Amasya im Armeniakon gelang es ihm, ein eigenes Herrschaftsgebiet einzurichten. Er wurde von der Bevölkerung, der er Schutz gegen die Seldschuken und niedrigere Steuern versprach, unterstützt. Von einigen strategisch wichtigen Burgen aus kontrollierte Roussel mit seinen Rittern das Gebiet. Ein kaiserliches Heer, das gegen ihn ausgeschickt wurde, besiegte er und nahm den Anführer Johannes Dukas, einen Onkel Michaels VII., gefangen. Dann marschiert er mit seinem Gefangenen, den er zum Kaiser ausrufen ließ, gegen Konstantinopel. Michael VII. schickte ihm, vermutlich um 1074, Truppen entgegen, die vom jungen Alexios Komnenos, dem späteren Kaiser, angeführt wurden. Daraufhin verbündete sich Roussel mit einem türkischen Emir, der ihn aber verriet und an Alexios auslieferte. Die nächsten Jahre verbrachte Roussel im Kerker in Konstantinopel. Erst 1078, als Michael VII. ihn brauchte, um eine Revolte niederzuschlagen, wurde er auf freien Fuß gesetzt. Erneut erwies der Normanne sich als unzuverlässig und verbündete sich mit einem der aufständischen Generäle, hatte jedoch auch diesmal keinen Erfolg: Er wurde gefangen genommen und starb kurz danach, vielleicht durch Gift.

Möglicherweise war es die erfolgreiche Herrschaftsbildung der Normannen in Süditalien, die ihre in byzantinischen Diensten stehenden Landsleute dazu verleitete, in Anatolien etwas Ähnliches zu versuchen. Sie scheiterten, weil sie die byzantinischen Kaiser unterschätzten, die nicht davor zurückschreckten, sich der Seldschuken zu bedienen, um mit ihnen fertig zu werden. Das Verhalten der erwähnten Söldner begründete in Byzanz den schlechten Ruf der «Franken» als treulos und unzuverlässig, den einige Jahre später Robert Guiscards Sohn Bohemund und andere Kreuzfahrer zu bestätigen schienen.

Das Byzantinische Reich stabilisierte sich, nachdem der «Soldatenkaiser» Alexios I. Komnenos den Thron bestieg (1081).

Alexios führte tiefgreifende strukturelle Reformen durch, die auch das von seinen Vorgängern vernachlässigte Heer betrafen. Gleich nach seinem Herrschaftsantritt lernte er, wie erwähnt, bei Dyrrhachion die Kampfkraft der normannischen Ritter Robert Guiscards kennen, die er nur mit Mühe zurückschlagen konnte (1085). Um dieselbe Zeit fielen die wichtige Stadt Antiochia und weite Teile Syriens in die Hand des Sultans von Bagdad, Malik Schah I. (1072–92), der auch Ost- und Mittelanatolien eroberte. Alexios konnte nicht eingreifen, weil ihm durch die Angriffe der Petschenegen auf dem Balkan die Hände gebunden waren. 1091 errang er jedoch gegen diese einen entscheidenden Sieg, der auch den 500 Rittern zu verdanken war, die ihm kurz vorher Graf Robert I. von Flandern geschickt hatte. Der neue Seldschukensultan Qilidsch Arslan (1092–1107) war nicht in der Lage, das von seinem Vorgänger errichtete Großreich zusammenzuhalten, von dem sich vor allem in Syrien zahlreiche kleine Emirate abspalteten, und schloss 1092 mit Alexios einen Friedensvertrag. Dadurch ließ der Druck auf Byzanz nach, und der Kaiser bemühte sich, sein Heer durch die Anwerbung weiterer westlicher Soldritter zu verstärken.

Bohemund der Kreuzfahrer In diesem Zusammenhang bat Alexios I. 1095 Papst Urban II. um Hilfe. Ende November rief der Papst, der sich im Interesse der Einheit der Kirche um gute Beziehungen zu Konstantinopel bemühte, im südfranzösischen Clermont (Auvergne) dazu auf, Byzanz militärische Unterstützung zu leisten. Um möglichst viele Ritter dazu zu bewegen, unterstrich der Papst die angebliche Unterdrückung und Verfolgung der im Orient lebenden Christen und besonders der Stadt Jerusalem durch die Muslime. Das Echo seines Aufrufs übertraf alle Erwartungen: «Deus lo vult!» (Gott will es), schallte es bald durch ganz Europa. Nicht nur viele Ritter, sondern auch andere Gruppen der Bevölkerung hefteten sich Stoffkreuze an ihre Kleidung und zogen nach Jerusalem. Die Kreuzzüge waren geboren. Obwohl das Christentum ursprünglich eine gewaltlose Religion war, wurde im Laufe der Jahrhunderte der Krieg zunächst geduldet, dann gerechtfertigt und schließlich sakralisiert:

Aus dem gerechten Verteidigungskrieg wurde ein heiliger Krieg zur Wiedergewinnung der den Christen von den Muslimen entrissenen Gebiete. Die Kreuzfahrer sahen sich als Jerusalempilger und Ritter Christi, die das Heilige Land von der Unterdrückung durch die Ungläubigen befreien wollten.

Bald verbreitete sich die Meinung, der Papst habe denjenigen, die in den Orient zögen, nicht nur die Vergebung ihrer Sündenschuld versprochen, sondern dort auch die Gewinnung materiellen Besitzes in Aussicht gestellt. Nicht von der Kirche ermächtigte Wanderprediger schürten solche Vorstellungen vor allem in Frankreich und Deutschland; hinzu kam die Erwartung des baldigen Endes der Welt. Auf diese Weise brach in der ersten Hälfte des Jahres 1096 ein sogenannter Volkskreuzzug auf, der Züge einer spontanen Migrationsbewegung trug. Er gelangte aber nach der Durchquerung des Balkans nur bis in die Türkei, wo er ein blutiges Ende fand.

Mehr Erfolg hatte der Kreuzzug der Ritter, der als 1. Kreuzzug in die Geschichte eingegangen ist und 1099 mit der Eroberung Jerusalems endete. Ein solches Unternehmen erforderte eine Vorbereitungszeit von mehreren Monaten. Zunächst musste eine Menge Bargeld bereitgestellt werden, denn die Ausrüstung und die Verpflegung für Menschen und Tiere auf dem weiten Weg ins Heilige Land waren sehr kostspielig. Jeder Ritter benötigte neben Rüstung und Waffen mindestens drei Pferde: eines für den Marsch, eines für den Kampf und eines als Ersatz. Die meisten Ritter kamen aus Frankreich; hier fand der Appell des französischen Papstes das größte Echo. Deutsche und englische Ritter, die bei den späteren Kreuzzügen eine wichtige Rolle spielten, waren hingegen kaum vertreten. Die ersten Kreuzfahrer, ein kleineres Kontingent unter Graf Hugo von Vermandois, dem Bruder König Philipps I. von Frankreich, und ein größeres unter Gottfried von Bouillon, Herzog von Niederlothringen, brachen planmäßig Mitte August 1096 auf. Im Oktober folgte ein großes Heer provenzalischer Ritter, das von Graf Raimund IV. von Toulouse angeführt und von einem päpstlichen Legaten begleitet wurde; ferner ein nicht ganz so großes Kontingent von Normannen und Flamen, an dessen Spitze Herzog Robert II. von der Normandie, Graf Stephan III. von Blois und Graf Robert II. von Flandern standen. Als letzter brach Ende Oktober 1096 Bohemund mit seinen gut 500 süditalienischen normannischen Rittern auf.

Alle trafen sich in Konstantinopel, wo sie mit byzantinischen Schiffen den Bosporus überqueren wollten. Kaiser Alexios hatte eigentlich nur Hilfstruppen erwartet, die unter seinem Kommando gegen die Seldschuken in Anatolien und Nordsyrien kämpfen würden. Gekommen waren hingegen Kreuzfahrer, für die Jerusalem das primäre Ziel war. Alexios nutzte die Tatsache, dass einige Kontingente bereits im Spätherbst und Winter 1096, andere erst im darauffolgenden Frühjahr ankamen, um Druck auf die führenden Kreuzfahrer auszuüben. Er zwang sie, zu schwören, seine Oberhoheit anzuerkennen und alle vormals byzantinischen Gebiete, die sie erobern würden, zurückzugeben. Lediglich der mächtige Raimund von Toulouse weigerte sich; er schwor nur, die Person und den Besitz des Kaisers zu achten. Unklar blieb, was mit den ehemals byzantinischen Gebieten gemeint war: alle früheren byzantinischen Provinzen bis nach Palästina und Ägypten oder nur die in den letzten Jahrzehnten verlorenen Reichsteile in Kleinasien und Nordsyrien?

Für Bohemund war der Kreuzzug eine gute Gelegenheit, sich im Vorderen Orient einen eigenen Herrschaftsbereich aufzubauen. Sein Bruder Roger Borsa hatte ihm zwar den größten Teil des südlichen Apulien mit den Städten Oria, Tarent, Otranto und Gallipoli sowie Bari abgetreten; doch damit war Bohemund nicht zufrieden. Da er Bari (und nicht Tarent) als Zentrum seiner apulischen Besitzungen betrachtete, sollte man ihn nicht als Bohemund von Tarent oder Fürst von Tarent bezeichnen, wie dies in der älteren Literatur geschehen ist. Den Fürstentitel erwarb er, wie wir sehen werden, erst auf dem Kreuzzug. Das Fürstentum Tarent wurde hingegen erst um 1140 von König Roger II. als kurzlebiges Titularfürstentum für seinen Sohn Wilhelm I. geschaffen, als territoriales Fürstentum sogar erst 1250 von Friedrich II. für seinen Sohn Manfred (gest. 1266).

Bohemund war auf den Namen Markus getauft worden; doch als Robert Guiscard von einem Spielmann die Geschichte eines Riesen namens Boamundus hörte – so der normannische Geschichtsschreiber Ordericus Vitalis (gest. um 1142) –, habe er für seinen außergewöhnlich hochgewachsenen Sohn diesen Namen vorgezogen. Dass Bohemund sehr groß war, bestätigt Anna Komnena, eine Tochter des Kaisers Alexios, die ihn vermutlich im Frühjahr 1097 im Palast ihres Vaters gesehen hatte. Die damals erst 14 Jahre alte Prinzessin schrieb später, Bohemund sei das Ebenbild seines Vaters Robert Guiscard gewesen. Von letzterem, den Anna nicht aus eigener Anschauung kennen konnte, entwirft sie ein stark literarisch gefärbtes Idealbild, hinter dem sich vielleicht in Wirklichkeit Bohemund verbirgt:

> Dieser Robert (Guiscard), von Geburt Normanne und von dunkler Herkunft, verband großen Ehrgeiz mit außerordentlichem Scharfsinn. Seine Körperkraft war bemerkenswert. Sein ganzes Verlangen war, Vermögen und hohe Stellung der Mächtigen zu gewinnen. Nichts konnte ihn an der Ausführung seiner Pläne hindern, und, um dieses Ziel zu erreichen, traf er seine Maßnahmen in unfehlbarer Weise. Seine hohe Gestalt überragte diejenige der größten Krieger. Seine Gesichtsfarbe war rötlich, sein Haar blond, seine Schultern breit. Seine Augen schienen Blitze zu schleudern. Gut gebaut in den Partien, die von Natur aus breiter sein sollen, war er so glücklich proportioniert, dass er dort schlanker wurde, wo man mehr Feinheit und Eleganz erwartet. So war dieser Mann, wie ich es oft von vielen habe sagen hören, vom Kopf bis zu den Füßen gut gewachsen. Was seine Stimme angeht: Wenn Homer von Achill hat sagen können, dass die Menschen, wenn sie ihn hörten, den Eindruck einer aufgeregten Menge hatten, so schlug der Schrei dieses Kriegers, wie man berichtet, Tausende in die Flucht.

Zu Beginn des Kreuzzugs spielte Bohemund noch keine besondere Rolle. Erst nachdem die Kreuzfahrer, die von byzantinischen Truppen unter dem General Tatikios begleitet wurden, Anatolien und das von christlichen Armeniern bewohnte Kilikien durchquert hatten und im Oktober 1097 Syrien erreichten, wurde der süditalienische Normanne zum Protagonisten. Es galt das stark befestigte Antiochia (heute Antakya, Türkei), das wichtigste Hindernis auf dem Weg nach Jerusalem, in die Hand zu bekommen. Die Stadt war nach ihrer Eroberung durch die Araber (637) im Jahr 969 vom byzantinischen Kaiser Nikephoros Phokas zurückerobert worden und erst 1084 in die Hand der Seldschuken gefallen. Ihre Bevölkerung bestand hauptsächlich aus christlichen Griechen, Syrern und Armeniern.

Die Belagerung der stark befestigten Stadt, die durch einen doppelten Mauerring und zahlreiche Türme gesichert war, stellte die Kreuzfahrer vor ein Problem, das unlösbar schien. Als im Winter 1097/98 Hunger und Kälte den Belagerern arg zu schaffen machten, verließen einige Ritter sowie im Februar 1098 auch der General Tatikios das Heerlager. Wenige Wochen später erfuhren die Kreuzfahrer, dass türkische Truppen unter dem Emir Kerboga von Mosul im Anmarsch waren, um den Belagerten zu Hilfe kommen. In dieser verzweifelten Situation machte Bohemund einen Vorschlag: Wer am meisten zur Eroberung Antiochias beitrage, dem solle die Stadt überlassen werden, es sei denn, der byzantinische Kaiser erscheine persönlich, um sie für sich zu beanspruchen. Letzteres schien nicht ausgeschlossen, denn Alexios I. war mit einem Heer auf dem Weg nach Syrien. Doch als ihm berichtet wurde, das Unternehmen der Kreuzfahrer sei so gut wie gescheitert, kehrte er um. Die Folgen waren fatal: Die Kreuzritter sahen sich vom Kaiser verlassen. Da er seiner Verpflichtung, sie militärisch zu unterstützen, nicht nachkam, fühlten sie sich nicht mehr an die ihm in Konstantinopel gemachten Versprechungen gebunden.

Daher akzeptierten sie, mit Ausnahme Raimunds von Toulouse, Bohemunds Vorschlag, der nicht ohne Hintergedanken gemacht worden war. Der Normanne hatte nämlich Kontakte mit einem armenischen Kommandanten in Antiochia angeknüpft, der bereit war, ihm zu helfen. Bohemund und seine Ritter konnten so vor dem Morgengrauen des 3. Juni 1098 ungestört die Mauern ersteigen und den Kreuzfahrern die Tore öffnen. Doch am folgenden Tag erreichte sie das Heer Kerbogas und schloss sie in Antiochia ein. Als in der Stadt die Lebensmittel ausgingen und die Lage immer verzweifelter wurde, unternahmen die Kreuzfahrer am 28. Juni einen Ausfall und konnten, vor allem durch das Verdienst Bohemunds, die Truppen Kerbogas vernichtend schlagen. Bohemund war der einzige unter den Führern des Kreuzzugs, der Erfahrung im Kampf gegen die wendige leicht bewaffnete türkische Kavallerie und ihre gefürchteten Bogenschützen hatte, die in der bereits erwähnten Schlacht von Dyrrhachion (1081) als byzantinische Hilfstruppen gegen die süditalienischen Normannen gekämpft hatten.

Nach seinem Erfolg gegen die Soldaten Kerbogas, der den Kreuzfahrern Antiochia sicherte, verlangte Bohemund die Einlösung des Versprechens, traf aber auf den Widerstand Raimunds von Toulouse und seiner provenzalischen Ritter. Die Diskussionen zogen sich in die Länge; viele Kreuzfahrer drängten darauf, nach Ende der Sommerhitze endlich nach Jerusalem aufzubrechen. Schließlich gab Raimund unter der Bedingung nach, auch Bohemund müsse mitziehen. Dadurch wollte er verhindern, dass dieser in Antiochia vollendete Tatsachen schuf. In einem Präzedenzfall hatte nämlich bereits ein Kreuzfahrer die Gelegenheit genutzt, sich im Vorderen Orient eine Herrschaft aufzubauen: Balduin von Boulogne, ein Bruder Gottfrieds von Bouillon, der sich mit einer Gruppe von Rittern vom Hauptheer getrennt hatte, hatte im März 1098 die Stadt Edessa (Urfa im Südosten der Türkei) in seine Hand gebracht. Diese reiche Handelsstadt, von der aus die vorwiegend von Armeniern bewohnten Gebiete westlich und östlich des Euphrat kontrolliert werden konnten, wurde das Zentrum der ersten Kreuzfahrerherrschaft, der Grafschaft Edessa.

Nach der Eroberung Jerusalems durch die Kreuzfahrer (15. Juli 1099) standen Balduin und Bohemund unter Zugzwang, denn sie hatten bisher ihr Gelübde, nach Jerusalem zu ziehen, noch nicht eingelöst. Sie begaben sich daher Ende des Jahres als Pilger in die inzwischen christliche Stadt. Hier erhielt Bohemund vom neuen lateinischen Patriarchen von Jerusalem und päpstlichen Legaten Daibert von Pisa die feierliche Investitur in das Fürstentum Antiochia. Unklar blieb, wem er damit unterstand: dem Patriarchen von Jerusalem oder dem Papst. Dies war im Grunde auch wenig relevant, denn in der Praxis war Bohemund unabhängig. Er schien am Ziel seiner Wünsche. Endlich hatte er einen Titel und einen Herrschaftsbereich, der ihn nicht mehr hinter seinem Halbbruder Roger Borsa zurückstehen ließ.

Doch bald schon sollte Bohemund das Glück verlassen, allerdings nicht ohne eigene Schuld: Im Sommer 1100 folgte er dem Hilferuf des armenischen Herrn von Melitene (Malatya), einer 300 km von Antiochia entfernten Stadt im östlichen Anatolien jenseits des Taurosgebirges, die von Türken belagert wurde. Der lange Marsch in der Hitze schwächte Bohemund und seine 300 Ritter. Ein türkischer Emir lockte sie in einen Hinterhalt, fügte ihnen eine schwere Niederlage zu und nahm Bohemund und seinen Vetter Richard, einen Sohn Wilhelms von Principato (eine Grafschaft südöstlich von Salerno), gefangen. Erst nach zweieinhalbjähriger Gefangenschaft wurden sie im Frühjahr 1103 gegen Zahlung eines hohen Lösegelds freigelassen.

In Antiochia übte während Bohemunds Abwesenheit sein Vetter Tankred, ein Neffe Robert Guiscards (s. Tafel S. 89), die Regentschaft aus. Es gelang ihm, das Gebiet des Fürstentums erheblich zu erweitern: im Norden um das von christlichen Armeniern bewohnte Kilikien (1101), im Süden um die wichtige Hafenstadt Latakia (1103), die bisher in byzantinischer Hand gewesen war (s. Karte S. 88). Tankred konnte es allerdings nicht verhindern, dass Raimund von Toulouse und seine provenzalischen Ritter 1103 den noch weiter südlich gelegenen Hafen Tortosa besetzten und begannen, die Stadt Tripolis (im heutigen Libanon) zu belagern. Hier wurde nach ihrer Eroberung (1109) die gleichnamige Kreuzfahrergrafschaft errichtet, die im Norden an das Fürstentum Antiochia und im Süden an das Königreich Jerusalem angrenzte.

Nach seiner Rückkehr nach Antiochia (1103) ergriff Bohemund die Initiative. Auf Streifzügen im Herrschaftsgebiet Ridwans von Aleppo, östlich von Antiochia, machte er Gefangene, die er gegen Lösegeld freiließ. Im folgenden Jahr unternahm er einen Angriff auf die fast 200 km nördlich von Antiochia gelegene Stadt Albistan (Elbistan, Türkei). Dann eilte Bohemund mit seinen Rittern nach Edessa, das von einem aus Mesopotamien anrückenden islamischen Heer bedroht wurde. Bei Harran, ca. 40 km südöstlich von Edessa, erlitten die Kreuzritter am 7. Mai 1104 eine vernichtende Niederlage. Die Folgen waren verheerend: Balduin von Bourcq, der Regent von Edessa – sein

Das normannische Fürstentum Antiochia
Tyane
Gaban
Marasch
Anazarbe
Gft. Edessa
Kleinarmenien
Pyramus
Servantikar
Adana
Tarsus
Mamistra
Mersina
Saron
Alexandrette
Belen-Pass
Azaz
Baghras
Artah
Eisenbrücke
Harim
Samada
Aleppo
Antiochia
al-Atharib
Port St. Simeon
Qusair
Zardana
Rugia
Mittelmeer
Hab
Arzghan
Albara
Orontes
Zypern
Ma'arrat-an-Nu'man
Latakia
Kafartab
Apamea
Jabala
Cäsarea
Hama
Fsm. Antiochia im Jahr 1099
Fsm. Antiochia vor der Schlacht auf dem Blutfeld (1119)
Tortosa
Gft. Tripolis
Homs
0 20 40 60 km

Die Fürsten und Regenten von Antiochia (1099–1149)

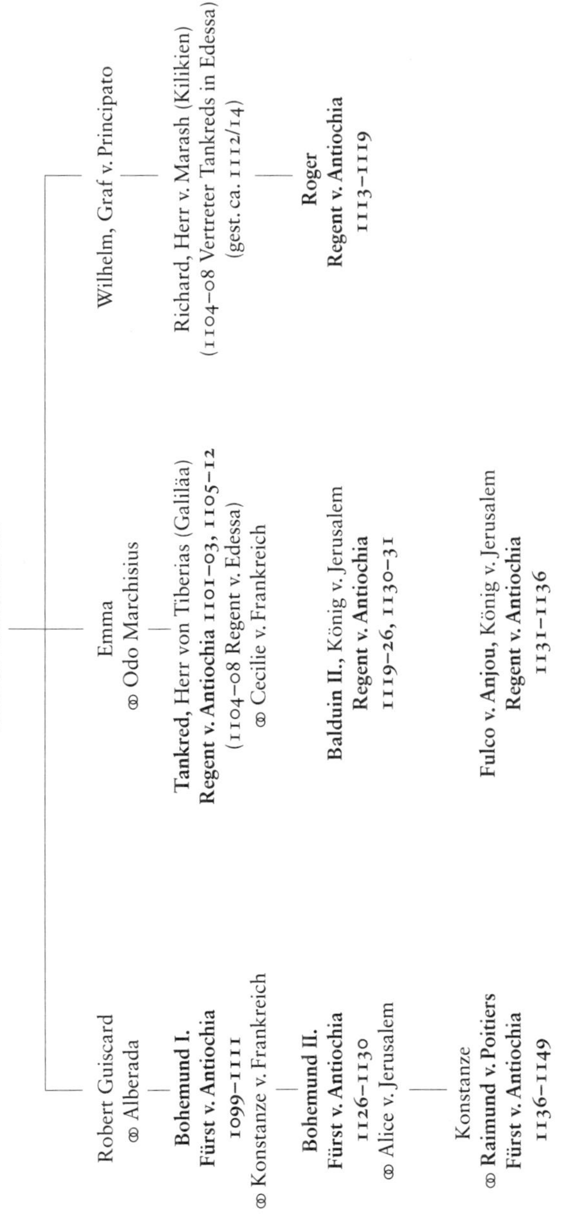

Vetter Balduin von Boulogne war 1100 König von Jerusalem geworden –, und andere führende Kreuzritter gerieten in Gefangenschaft. Nun unterstellten sich die armenischen Städte in Kilikien (Tarsus, Mamistra, Adana), die bisher die Kreuzfahrer unterstützt hatten, wieder dem Kaiser von Byzanz, der außerdem Latakia zurückgewann. Auch ein Großteil der Grafschaft Edessa ging verloren; ihre Regentschaft wurde Bohemunds Vetter Tankred übertragen, der sie an Richard von Principato (s. Tafel S. 89) weitergab. Schwer wog, dass die Muslime, denen anfangs die westlichen Ritterheere unbesiegbar schienen, sich jetzt auf deren Kampfesweise eingestellt hatten und erkannten, dass sie diese durchaus zu schlagen vermochten.

Bohemund zog die Konsequenzen aus dieser Situation und kehrte 1104/05 nach Italien zurück, um sich Verstärkung zu beschaffen. Von dort pilgerte er Anfang 1106 zum Wallfahrtsort Saint-Léonard in Noblat (bei Limoges), um ein Gelübde einzulösen, das er während seiner Gefangenschaft gegenüber dem heiligen Leonard, dem Schutzpatron der Gefangenen, abgelegt hatte. In Frankreich ließ sich Bohemund als Held des ersten Kreuzzugs feiern. Dort hätten – so Ordericus Vitalis – Väter ihm ihre neugeborenen Söhne gebracht, mit der Bitte, deren Pate zu werden; auf diese Weise sei sein bis dahin so gut wie unbekannter Name in Frankreich verbreitet worden. Der französische König Philipp I. gab ihm im Mai 1106 seine Tochter Konstanze zur Frau, während deren Schwester Cecilie Bohemunds in Antiochia zurückgebliebenen Vetter Tankred heiratete (s. Tafel S. 89). Für Bohemund und seine Familie bedeutete dies eine weitere soziale Aufwertung.

Die Anwerbung neuer Kreuzfahrer in Frankreich verknüpfte Bohemund mit antibyzantinischer Propaganda. Er warf dem Kaiser vor, den Kreuzzug behindert zu haben und ein Ketzer zu sein. Solche antibyzantinischen Vorurteile waren im Westen nicht neu und dienten Bohemund dazu, einen Angriff auf das Byzantinische Reich zu rechtfertigen. Beim Papst fand er dafür allerdings keine Unterstützung.

Im Oktober 1107 setzte Bohemund mit einem Heer von Brindisi nach Albanien über und begann, Dyrrhachion zu belagern, wie dies Robert Guiscard getan hatte. Sein Unternehmen scheiterte aber noch kläglicher als das seines Vaters vor mehr als 25 Jahren. Der byzantinische Kaiser Alexios setzte auf eine Zermürbungstaktik. Er verbrachte den Winter 1107/08 in Thessaloniki, während Bohemunds Truppen vor Dyrrhachion unter Hunger und Kälte litten. Die Flotte des mit Byzanz verbündeten Venedig kontrollierte die Adria und verhinderte, dass aus Apulien Nachschub kam. Zudem setzte Alexios mit Erfolg Bestechungsgelder ein, um führende normannische Ritter zur Desertion zu veranlassen. Im Frühjahr 1108 brach der Kaiser dann mit seinem gut ausgerüsteten Heer auf, zog jedoch nur bis Devol, das einen Tagesmarsch von Dyrrhachion entfernt war. Von hier aus begann er Verhandlungen mit Bohemund, die sich den ganzen Sommer über hinzogen.

Am Ende musste der Normanne im September 1108 einen Vertrag akzeptieren, der einer Kapitulation gleichkam: Er verpflichtete sich, das um Kilikien und Latakia verkleinerte Fürstentum Antiochia vom byzantinischen Kaiser als Lehen zu nehmen sowie den aus Antiochia vertriebenen griechisch-orthodoxen Patriarchen dort wieder einzusetzen. Nach seinem Tod sollte das Fürstentum an den Kaiser zurückfallen. Damit schien langfristig alles zunichte gemacht, was sich Bohemund im Vorderen Orient aufgebaut hatte.

Demoralisiert zog der Normanne mit dem Rest seines Heers nach Apulien und kehrte nicht mehr nach Antiochia zurück. Der Vertrag von Devol wurde nicht in die Praxis umgesetzt. Da nur Bohemund den Vertrag unterzeichnet hatte, bewahrte er wenigstens die Unabhängigkeit des Fürstentums; der amtierende Regent von Antiochia, sein Vetter Tankred, war nicht an ihn gebunden. Nach Bohemunds Tod 1111 konnte sein 1109/10 geborener Sohn Bohemund II. mit Erreichen der Volljährigkeit 1126 die Nachfolge im Fürstentum Antiochia antreten (s. Tafel S. 89).

Bohemunds Witwe Konstanze ließ ihrem Mann in Canosa di Puglia (nordwestlich von Bari) ein prächtiges Mausoleum errichten, in dem er als Sieger über die Byzantiner und Syrer verherrlicht wurde. Dies war allerdings nur die halbe Wahrheit: Er hatte zwar Antiochia erobert und dort ein Fürstentum errichtet, danach aber eine Reihe von Misserfolgen verzeichnen müssen. Die Erhaltung und der Ausbau des normannischen Fürstentums Antiochia war, wie wir sehen werden, nicht sein Verdienst, sondern das seines Vetters Tankred.

Das Fürstentum Antiochia Tankred war ein ebenso energischer wie skrupelloser Kreuzfahrer. Im Unterschied zu seinem Vetter Bohemund war er nach der Eroberung Antiochias nicht dort geblieben, sondern mit den anderen Kreuzrittern nach Jerusalem gezogen, bei dessen Erstürmung er sich durch besonderen Eifer auszeichnete. Anschließend hatte er sich im Gebiet von Tiberias im nördlichen Galiläa eine eigene Herrschaft aufgebaut. Während Bohemunds türkischer Kriegsgefangenschaft rührte Tankred keinen Finger, um das Lösegeld aufzubringen. Diese Aufgabe überließ er dem lateinischen Patriarchen von Antiochia und Balduin von Bourcq, dem Regenten von Edessa. Nach Bohemunds Rückkehr nach Antiochia rückte Tankred wieder in die zweite Reihe und verhielt sich seinem Vetter gegenüber loyal. So konnte er ein zweites Mal die Regentschaft des Fürstentums erlangen, als Bohemund um die Jahreswende 1104/05 nach Italien reiste.

Im April 1105 gelang Tankred ein wichtiger Sieg über Ridwan von Aleppo. Damit wendete sich das Blatt erneut zu Gunsten der Kreuzritter: Tankred konnte bis zu seinem Tod (Ende 1112) alle nach der Niederlage von Harran (1104) verloren gegangenen Gebiete zurückerobern und die Grenzen des Fürstentums Antiochia sogar im Nordosten bis Marasch und im Süden bis Apamea ausdehnen (s. Karte S. 88).

Diese Erfolge waren auch der Uneinigkeit seiner muslimischen Gegner zu verdanken: Die in Aleppo herrschenden Seldschuken waren als Sunniten Feinde der schiitischen Araber, die im Gebiet von Shaizar (südlich von Apamea) lebten. Tankred gelang es, die Grenzen des Fürstentums durch Befestigungen zu sichern und seine muslimischen Nachbarn zu zwingen, ihm Tribute zu zahlen. Christen und Muslime kämpften an wechselnden Fronten. So verbündete sich Tankred mit Ridwan von

Aleppo gegen Balduin von Edessa, der eine Allianz mit Chavli Saqaveh von Mosul abgeschlossen hatte, und besiegte diesen 1109 bei Tell Bashir.

Tankreds Nachfolger als Regent von Antiochia, Roger, der Sohn seines Vetters Richard von Principato (s. Tafel S. 89), beschränkte sich nicht darauf, das Territorium des Fürstentums zu verteidigen, sondern übte wachsenden Druck auf Aleppo aus. Dadurch provozierte er die Reaktion der Muslime. Der neue Herrscher von Aleppo, Ilghazi von Mardin, verbündete sich mit Tughtegin von Damaskus und schlug zurück. Anstatt das Eintreffen der Kreuzritter aus Jerusalem und Tripolis abzuwarten, die ihm zu Hilfe eilen wollten, wagte Roger mit seinen 700 Rittern und 3000 Fußsoldaten die Schlacht. Im Juni 1119 wurde sein Heer bei al-Balat westlich von Aleppo vernichtend geschlagen. Roger selbst und die meisten seiner Ritter kamen ums Leben. Die «Schlacht auf dem Blutfeld», wie sie genannt wurde, war ein Wendepunkt in der Geschichte des Fürstentums Antiochia: Es verlor einen Großteil seiner Ritterschaft und seines Territoriums. Die von Tankred aufgebaute dominierende Stellung im Norden Syriens war zu Ende, das Fürstentum künftig auf den Schutz des Königs von Jerusalem angewiesen. Die Regentschaft für Bohemund II. übernahm nun König Balduin II. von Jerusalem.

Bohemund II. kam nach Erreichen der Volljährigkeit im Jahr 1126 nach Antiochia, um die Herrschaft zu übernehmen, und heiratete Alice, eine Tochter Balduins II. Seine Versuche, die verlorenen Positionen wiederzugewinnen, scheiterten kläglich. Bereits 1130, also im Alter von nur 20 Jahren, fiel er bei Kämpfen in Kilikien. Eine Nachfolgekrise entstand, denn seiner Witwe gelang es nicht, selbst die Regentschaft zu übernehmen. Nach dem Tod Balduins II. (1131) wurde dessen Nachfolger als König von Jerusalem, Fulco von Anjou, auch Regent von Antiochia, bis Konstanze, die Tochter Bohemunds II., im Jahre 1136 Raimund von Poitiers heiratete, der nach längerer Zeit wieder als eigenständiger Fürst von Antiochia agieren konnte (s. Tafel S. 89).

Das Fürstentum Antiochia war bis dahin von einer kleinen Schicht normannischer, meist aus Süditalien gekommener Ritter dominiert worden. Diese Oberschicht wurde jedoch in der Schlacht auf dem Blutfeld (1119) so stark dezimiert, dass Mitglieder anderer im Heiligen Land ansässig gewordener Familien nachrückten. Von einem normannischen Fürstentum Antiochia kann man also nur für die ersten Jahrzehnte seines Bestehens sprechen. Mit dem Regierungsantritt Raimunds von Poitiers (1136) wurde der normannische Einfluss endgültig durch den französischen verdrängt.

Anders als in den anderen Kreuzfahrerherrschaften im Vorderen Orient waren die Strukturen des Fürstentums Antiochia nicht nur von westeuropäischen, sondern auch von byzantinischen Formen geprägt. Ähnlich wie in Süditalien verknüpften die in Antiochia ansässig gewordenen Normannen westliche Ämter, wie das des Marschalls und des Kämmerers, mit solchen byzantinischer Herkunft wie das des *dux* (Leiter der Stadtverwaltung) und des *praetor* (Zivilrichter). Außerdem errichteten sie, ebenfalls wie in Süditalien, neben der bereits bestehenden griechischen eine lateinische Kirchenorganisation.

Das normannische Antiochia mit seiner multikulturellen Bevölkerung, in der die christliche Religion und die griechische und arabische Sprache dominierten, spielte im arabisch-westlichen Kulturtransfer eine lange unterschätzte Rolle: Hier lernte der englische Mathematiker Adelard von Bath, der vorher Sizilien besucht hatte, vermutlich um 1120 Arabisch und erwarb erste Kenntnisse der arabischen Naturwissenschaft, bevor er in seine Heimat zurückkehrte. Ein anderer westeuropäischer Gelehrter, der um diese Zeit (um 1125–27) aus den gleichen Motiven nach Antiochia kam, entschloss sich sogar, dort zu bleiben. Es handelt sich um Stephan von Pisa (auch als Stephan von Antiochia bekannt), der medizinische, astronomische und mathematische Werke aus dem Arabischen ins Lateinische übersetzte und nach Europa vermittelte. Anders als man bisher angenommen hat, brachte nicht Leonardo Fibonacci um 1200 die indisch-arabischen Ziffern (und die dadurch erleichterten Rechenoperationen) nach Europa, sondern Stephan bereits mehr als 50 Jahre zuvor (Lohrmann). Bemerkenswert ist auch das Bild des friedlichen Zusammenlebens von Christen und Muslimen in Antiochia, das im Werk des syrischen Dichters Ibn al-Qaysarāni (gest. 1153) zum Ausdruck kommt.

Negative Auswirkungen auf die Zukunft des Fürstentums Antiochia hatte die Vernichtung der Grafschaft Edessa (1144) durch Zengi (Imād ad-Dīn Zangī), den türkischen Herrn von Mosul und Aleppo. Sein Sohn und Nachfolger Nur ad-Dīn (1146–74) errang 1149 einen bedeutenden Sieg über Fürst Raimund, der im Kampf den Tod fand. Indem er die Idee des Heiligen Kriegs (arab. *jihād*) propagierte, die in den vergangenen Jahrhunderten in den Hintergrund getreten war, gelang es Nur ad-Dīn, die islamischen Kräfte in Syrien zu vereinen. Der Heilige Krieg richtete sich nicht nur gegen die Kreuzfahrer, sondern auch gegen die Schiiten, die von den Sunniten als Ketzer angesehen wurden.

Bereits einige Jahre zuvor (1137) hatte der byzantinische Kaiser Johannes II. Fürst Raimund von Antiochia gezwungen, sich ihm zu unterwerfen. Nach dem Fall von Edessa (1144) war das Fürstentum Antiochia die nördlichste Kreuzfahrerherrschaft und auf die Unterstützung von Byzanz angewiesen. Als die Byzantiner 1176 in Myriokephalon von den Seldschuken vernichtend geschlagen wurden und Saladin (Salah ad-Dīn) im Jahre 1187 Jerusalem eroberte, verschlechterte sich die Lage der Kreuzritter zunehmend. Das Fürstentum Antiochia überlebte immerhin noch bis 1268, aber nur weil es sich immer enger mit dem 1198 in Kilikien entstandenen kleinarmenischen Königreich verband und schließlich praktisch in diesem aufging. Die Reihe von Fürsten von Antiochia, die sich Bohemund nannten (der letzte war Bohemund VII., gest. 1287), hatte mit dem normannischen Begründer des Fürstentums jedoch nichts mehr gemeinsam.

Tarragona: Fürstentum ohne Zukunft Als noch kurzlebiger erwies sich ein anderes normannisches Fürstentum im Mittelmeerraum, das in Tarragona westlich von Barcelona errichtet wurde. Robert Burdet, aus niederem normannischem Adel – die Burdets waren Vasallen der dem normannischen Herzog nahe stehenden Grandmesnil –, begann seine Karriere im Gefolge des

Grafen Rotrou III. von Perche. Dieser kämpfte seit 1114 im Rahmen der sogenannten Reconquista, der christlichen Rückeroberung des größtenteils unter muslimischer Herrschaft stehenden Spanien, im Heer König Alfons' I. von Aragon (1100–34). Im Jahre 1127 war Robert Burdet Kommandant des Stadtkastells von Tudela (im Süden von Navarra). Zwei Jahre später machte er einen enormen Karrieresprung, als ihn der Erzbischof Olegar von Tarragona zum Fürsten (lat. *princeps*) ernannte und ihm die Stadt und das umliegende Territorium verlieh.

Tarragona war nach seiner Eroberung durch die Araber 714 eine muslimische Stadt geworden. Nach der christlichen Rückeroberung machte Papst Urban II. sie 1089 wieder zum Sitz eines Erzbischofs. Einige Jahre später (1108) übertrug Graf Raimund Berengar III. von Barcelona (1096–1131) die Stadt dem Papst, der sie als Lehen an Bischof Olegar von Barcelona weitergab. Dieser nahm den Titel des Erzbischofs von Tarragona an, behielt aber seinen Bischofssitz in Barcelona, wo er sich vorwiegend aufhielt. Um zu verhindern, dass die Muslime Tarragona zurückeroberten, übertrug Olegar die Stadt und ihr Territorium 1129 an Robert Burdet, der sie verteidigen sollte.

Rein formal war Robert Burdet nur dem Erzbischof unterstellt. In der Praxis war die Situation jedoch komplizierter, denn der Erzbischof war vom Grafen von Barcelona abhängig, der eine Art Protektorat ausübte. Robert gelang es, 1130 in der Normandie und anderen Teilen Frankreichs Ritter anzuwerben, die ihn bei der Verteidigung Tarragonas unterstützten. Katalanische Siedler stellten die Mehrheit der Bevölkerung, während die Normannen nur eine kleine Minderheit blieben. Der Handlungsspielraum Roberts wurde dadurch eingeschränkt, dass Graf Raimund Berengar IV. von Barcelona (1131–62) seinen Herrschaftsbereich immer weiter ausdehnte, so dass Tarragona praktisch eine Enklave wurde. Nach seiner Verlobung mit der Tochter König Ramiros II. von Aragon, der sich in ein Kloster zurückzog, regierte Raimund auch dessen Reich mit dem Titel eines Fürsten (1137).

Als 1146 der Raimund nahe stehende Katalane Bernard Tort Erzbischof wurde, verschlechterte sich Roberts Lage. Der Normanne, der sich nun mit dem Titel eines Grafen begnügte, musste 1149 die Herrschaft mit dem Erzbischof teilen. Einige Jahre später (1153) waren seine Frau und sein Sohn Wilhelm Burdet gezwungen, für den damals fast 75jährigen Robert, der noch als Fürst bezeichnet wurde, nicht nur dem Erzbischof den Lehnseid zu schwören, sondern erstmals auch Raimund, der sich nun «Fürst von Tarragona und Aragon» nannte, einen Treueid zu leisten. Die Rechte über das Fürstentum waren nun zwischen dem Normannen, dem Erzbischof und dem Grafen von Barcelona geteilt. Am Ende seines Lebens (1155) blieben Robert von seinem Fürstentum lediglich ein leerer Titel und ein Drittel der Einkünfte.

In den folgenden Jahren kam es zu Auseinandersetzungen zwischen den Erzbischöfen von Tarragona und Wilhelm Burdet, der nur den Grafentitel trug und schließlich 1177 gezwungen war, die Stadt zu verlassen und nach Mallorca ins Exil zu gehen. Der Versuch seines Vaters, im Gebiet um Tarragona ein Fürstentum zu errichten, hatte nur so lange Erfolg gehabt, wie seine militärische Kraft gegen die Muslime gebraucht wurde. Im christlichen Spanien hatte ein normannisches Fürstentum keine Zukunft.

3. Das Königreich Sizilien

Der Gründer: Roger II. Nach dem Tod des Grafen Roger I. (1101) übernahm dessen junge Witwe Adelheid (geb. um 1075) die Regentschaft zunächst für ihren ältesten Sohn Simon, der damals etwa acht Jahre alt war, und als dieser 1106 starb für seinen Bruder Roger II. (geb. 1095). Adelheid konnte mit Hilfe ihres Bruders Heinrich und der engsten Vertrauten ihres verstorbenen Mannes verhindern, dass einige normannische Adlige die Situation ausnutzten, um ihren Einflussbereich zu vergrößern. Gegen Ende ihrer Regentschaft traf Adelheid eine wichtige Entscheidung: Sie verlegte die gräfliche Residenz von Mileto (in Kalabrien) zunächst in das überwiegend von Griechen bewohnte Messina im Osten Siziliens und dann in das im Westen der Insel gelegene Palermo, eine arabisch geprägte Großstadt von vermutlich mehr als 50 000 (vielleicht sogar 100 000) Einwohnern, deren überwiegende Mehrheit Muslime waren. Als Roger II. mit 16 Jahren volljährig wurde und 1112 die Herrschaft übernahm, überließ seine Mutter ihm geordnete Verhältnisse.

Wenig später hielt König Balduin I. von Jerusalem um Adelheids Hand an. Er war in Geldnot und hoffte auf die Mitgift der reichen Witwe, um seine Ritter besolden zu können. Die bereits auf die Vierzig zugehende Gräfin akzeptierte unter der Bedingung, dass Roger II. Balduins Nachfolger als König von Jerusalem werde, falls die Ehe kinderlos bliebe. Diese verlockende Perspektive schien sich zu verwirklichen, als der König im Winter 1116/17 schwer erkrankte. Man hatte jedoch die Rechnung ohne dessen Vasallen und den Patriarchen von Jerusalem gemacht, die nicht bereit waren, ihre unter Balduins Herrschaft erworbene starke Position aufzugeben. Der Patriarch erklärte Adelheids Heirat mit dem Argument für ungültig, der König habe zwar zuvor seine bisherige Gemahlin verstoßen, es aber unterlassen, die Ehe formal annullieren zu lassen. Enttäuscht musste Adelheid daraufhin nach Sizilien zurückkehren. Der Plan, ihrem Sohn die Königskrone von Jerusalem zu verschaffen, war gescheitert. Dessen Hoffnung, König zu werden, sollte sich jedoch gut ein Jahrzehnt später auf andere Weise erfüllen.

Wie sein Vater unterstand auch Roger II. dem Herzog von Apulien, Kalabrien und Sizilien, war allerdings in der Praxis mächtiger als dieser. Herzog Wilhelm, der Nachfolger von Roger Borsa, konnte nur mit Hilfe des Grafen von Sizilien seine Vasallen unter Kontrolle halten. Als der Herzog 1127 kinderlos starb, verlangte Roger II. vom Papst, der Lehnsherr des Herzogtums Apulien, Kalabrien und Sizilien war, als Wilhelms nächster männlicher Verwandter (s. Tafel S. 99) dessen Nachfolge antreten zu können. Dabei berief er sich auf ein angebliches Versprechen des Herzogs, der ihm im Falle eines kinderlosen Todes die Nachfolge zugesichert habe.

Papst Honorius II. (1124–30) sah dies aber anders: Mit dem Tod seines Vasallen Wilhelm war das Herzogtum an ihn als

Die Herzöge von Apulien, Kalabrien und Sizilien (1059–1130)

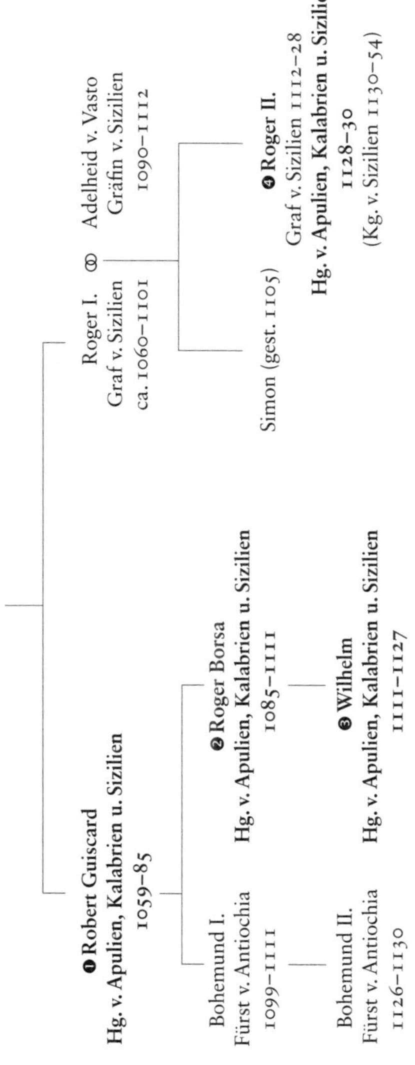

Lehnsherrn zurückgefallen; daher lag bei ihm die Entscheidung, wem das Lehen künftig verliehen werden sollte. Außerdem war Rogers Verhalten nicht dazu angetan, sich das Wohlwollen des Papstes zu verschaffen. Gleich nach Wilhelms Tod bemächtigte er sich der Stadt Salerno, die unter Roger Borsa und Wilhelm zur Residenz der Herzöge geworden war, und ließ sich dort zum Fürsten salben. Honorius II. reagierte mit der Exkommunikation Rogers II. und verbündete sich mit Adligen und Städten, denen er Autonomie versprach. Doch als Roger mit einem großen Heer anrückte, waren seine Gegner bald zur Kapitulation gezwungen. Dem Papst blieb nichts anderes übrig, als Roger mit dem Herzogtum von Apulien, Kalabrien und Sizilien zu belehnen (1128). Damit waren Sizilien und das süditalienische Festland erstmals in einer Hand. Mit brutaler Gewalt setzte Roger II. im folgenden Jahr seine Herrschaft in Süditalien durch.

Die Herzöge von Apulien, Kalabrien und Sizilien:

Robert Guiscard	1059–1085
Roger Borsa	1085–1111
Wilhelm	1111–1127
Roger II.	1128–1130

Als sich nach dem Tod Honorius' II. im Februar 1130 das Kardinalskollegium in zwei Gruppen spaltete, von denen jede einen aus dem römischen Adel stammenden Kardinal zum Papst wählte, brach ein Schisma aus. Beide, Innozenz II. (Gregor Papareschi) und Anaklet II. (Petrus Pierleoni), bemühten sich um ihre Anerkennung in Europa. Roger II. unterstützte Letzteren, der sich vorwiegend in Rom und Süditalien aufhielt. Als Gegenleistung ernannte Anaklet II. ihn am 27. September 1130 zum König von Sizilien, Kalabrien und Apulien. Die Gültigkeit dieses Akts wurde sowohl von den byzantinischen Kaisern und den deutsch-römischen Herrschern bestritten als auch von den süditalienischen Adligen und Städten, die eine Verminderung ihrer bisherigen Rechte befürchteten.

Roger II. verfügte über eine gut ausgerüstete Flotte und ein starkes Heer, das nicht nur aus ritterlichen Vasallen bestand, die zu einem befristeten Kriegsdienst verpflichtet waren, sondern auch aus fest besoldeten Rittern, Soldaten und muslimischen Bogenschützen (für den Süditalienfeldzug von 1128 ist in der Chronik des Romuald von Salerno von 2000 Rittern, 30 000 Fußsoldaten und 1500 Bogenschützen die Rede). Dadurch konnte Roger II. eine Hinhaltetaktik anwenden, der seine Gegner auf die Dauer nicht gewachsen waren. Dies erfuhr auch Kaiser Lothar III., als er 1137 mit dem Papst nach Süditalien zog. Er kam zwar bis Bari und in die Basilicata, aber da Roger in Sizilien blieb und keine Anstalten machte, ihm entgegenzutreten, musste der deutsche Herrscher unverrichteter Dinge nach Deutschland zurückkehren. Nach dem Tod Anaklets II. 1138 versuchte Roger II. sich mit Innozenz II. zu einigen, doch dieser blieb hart. Als der Papst ihn mit einem Heer angriff, schlug Roger zurück und nahm Innozenz gefangen. Dieser war schließlich gezwungen, Rogers Königtum anzuerkennen (1139); das Einzige, was Innozenz erreichte, war die Bestätigung der päpstlichen Enklave Benevent.

Nachdem er seine süditalienischen Gegner hart bestraft hatte, ging Roger daran, dem neuen Königreich eine zentralistische Struktur zu geben. Er ließ ein Gesetzeswerk verfassen, das in weiten Teilen auf dem römischen Recht beruhte, das in Süditalien nie gänzlich in Vergessenheit geraten war. Darin wurde die herausragende Stellung des Königs betont, der im Unterschied zu den zeitgenössischen europäischen Monarchien keine Rücksicht auf die Fürsten nehmen musste: Diskussionen über Entscheidungen des Herrschers galten als Sakrileg, Aufstände als Majestätsverbrechen, die mit der Todesstrafe geahndet wurden. Rogers um 1140 erlassene Konstitutionen sollte man nicht mehr als Assisen von Ariano bezeichnen, da der Begriff Assisen (Gesetze) erst sehr viel später aufkam und die Annahme der älteren Forschung, sie seien in Ariano (bei Avellino, östlich von Neapel) verkündet worden, sich als unbegründet herausgestellt hat. Während Sizilien direkt vom Hof in Palermo aus verwaltet wurde, kontrollierten in den Provinzen Süditaliens sogenannte

Justitiare die Rechtsprechung, Kämmerer beaufsichtigten die Einziehung der Abgaben. Den größeren Städten und einigen Grafen wurde eine gewisse Selbstverwaltung zugestanden. Roger II. erreichte es, dass alle Grafen ihm direkt unterstanden; zudem vergab er die meisten Grafschaften an seine Verwandten.

Als größte und zentral gelegene Insel des Mittelmeers und als Getreideproduzent spielte Sizilien eine wichtige Rolle im Handel zwischen Europa, Nordafrika und Byzanz: Von Palermo ist es genauso weit nach Tunis (ca. 150 km) wie nach Neapel; Messina liegt auf halbem Weg zwischen Genua und Alexandria. Durch den Verkauf von Getreide an den Maghreb, der im 12. Jahrhundert zunehmend von Hungersnöten heimgesucht wurde, kamen Gold und orientalische Luxusgüter (vor allem wertvolle Stoffe) nach Sizilien. Während Roger I. sich um gute Beziehungen zu den im Maghreb herrschenden Ziriden – eine Berberdynastie, die den in Ägypten herrschenden Fatimiden unterstand – bemüht hatte, indem er etwa 1087 das Angebot von Pisa und Genua, gemeinsam die tunesische Hafenstadt Mahdia (al-Mahdīyya) anzugreifen, abgelehnt hatte, verfolgte sein Sohn Roger II. eine ambitioniertere Mittelmeerpolitik.

Angesichts der zunehmenden politischen Destabilisierung im Maghreb, wo sich die Berberdynastien der Hammadiden und Ziriden bekämpften, entschloss sich Roger II., die wichtigsten Hafenstädte an der Sizilien gegenüberliegenden nordafrikanischen Küste zu erobern (s. Karte hintere Umschlaginnenseite). Zwischen 1146 und 1153 gelang es ihm, das libysche Tripolis, die tunesischen Städte Mahdia, Susa (Sousse) und Sfax sowie das algerische Annaba (Bône, Būna) einzunehmen und durch Garnisonen zu sichern. Nur bei Tunis begnügte er sich damit, dass es seine Oberhoheit anerkannte. Von Sizilien aus konnte so der Karawanenhandel zwischen Marokko und Ägypten kontrolliert werden. Mit dem ägyptischen Fatimidenkalifen al-Hafīz (1130–49) pflegte der sizilianische König gute Beziehungen.

Rogers Mittelmeerpolitik wurde stark von seinen beiden einflussreichsten Vertrauten bestimmt: von Christodulos, der aus einer auf Sizilien ansässigen griechischen Familie stammte, und von Georg von Antiochia, der ebenfalls aus einer griechisch-byzantinischen Familie kam und Christodulos, nachdem dieser 1125 in Ungnade gefallen war, in der Rolle des Wesirs (eine Art Premierminister mit dem arabischen Titel «Emir der Emire», lat. *ammiratus ammiratorum*) nachfolgte. Aus Antiochia gebürtig, hatte Georg zunächst in byzantinischen Diensten gestanden und war ab 1087 als Finanzexperte am Hof der Ziriden in Mahdia tätig gewesen. 1109 war er dann in den Dienst Rogers II. getreten und hatte 1123 zusammen mit Christodulos einen erfolglosen Angriff auf Mahdia geleitetet. Seit 1126 bis zu seinem Tod 1151 war Georg von Antiochia die dominierende Gestalt in der Umgebung Rogers. Nach dem späten, aber gut informierten ägyptischen Chronisten al-Maqrīzī (gest. 1441) sind sowohl die orientalische Hofhaltung des Königs als auch dessen nordafrikanische Eroberungen dem Einfluss Georgs zuzuschreiben. Die Forschungen von Jeremy Johns haben gezeigt, dass die arabische Finanzverwaltung am Hof in Palermo ebenfalls sein Werk war und erst nach 1130 nach fatimidischem Vorbild eingerichtet wurde.

Normannen sind in der Umgebung Rogers II. nur zu Beginn seiner Herrschaft bezeugt (so z. B. 1126 Roger Avenel, der zur Entourage Rogers I. und vor allem Adelheids gehört hatte). Ob der König sich als Normanne fühlte, ist zweifelhaft. Zwar wusste er sicher, dass er der Sohn eines Normannen war, doch an seinen Vater erinnerte er sich wohl kaum, da er bei dessen Tod erst fünf Jahre alt gewesen war. Seine Erziehung hatte seine aus Norditalien gebürtige Mutter, die bereits im Alter von 16 Jahren nach Süditalien gekommen war, dem erwähnten Christodulos anvertraut. Neben Georg von Antiochia, der sowohl im griechisch-byzantinischen als auch im arabischen Kulturbereich zu Hause war, stand dem König der an seinem Hof lebende arabische Naturwissenschaftler al-Idrīsi besonders nahe. Daneben kamen auch einige Vertraute Rogers II. aus dem westlichen Kulturkreis: der vermutlich vom süditalienischen Festland stammende Kanzler Guarinus (gest. 1137), dessen englischer Nachfolger Robert von Selby (gest. 1152) sowie der ebenfalls aus England gebürtige Thomas Brown. Letzterer kehrte nach Rogers Tod in seine Heimat zurück, wo er in den Dienst König Heinrichs II. trat.

Europäische Einbindung Zunächst schien der Bestand des von Roger II. gegründeten Königshauses gesichert: Seine Frau Elvira, Tochter König Alfons' VI. von Kastilien-León, hatte seit 1118 mehrere Söhne zur Welt gebracht. Als nach dem Tod des als Nachfolger vorgesehenen Erstgeborenen Roger (gest. 1149) und zweier seiner Brüder nur noch Wilhelm übrig blieb (s. Tafel S. 107), war die dynastische Kontinuität in Gefahr. Daher heiratete der König, der nach dem Tod Elviras (1135) keine Anstalten gemacht hatte, eine neue Ehe einzugehen, nun Sibylle von Burgund; diese starb jedoch bereits 1150 an den Folgen einer Fehlgeburt. Daraufhin vermählte Roger II. sich mit Beatrix aus dem niederlothringischen Grafenhaus von Rethel, die erst nach seinem Tod eine Tochter gebar (1154), die Konstanze genannt wurde.

Wilhelm I., der um 1150 Margarete, eine Tochter des Königs Garcia IV. Ramírez von Navarra geheiratet hatte, wurde von seinem Vater Ostern 1151 zum Mitherrscher gekrönt. Dass Roger II. diesen Akt ohne Konsultation des Papstes vornahm, verschlechterte seine bereits seit längerem angespannten Beziehungen zur römischen Kurie. Nicht besser war das Verhältnis zu Byzanz: Rogers Soldaten plünderten nicht nur 1147 Theben und Korinth, sondern drangen 1149 auch in den Hafen von Konstantinopel ein. Es verwundert also nicht, dass Kaiser Manuel I. Komnenos (1143–80) und der Staufer Konrad III. (1137–52) beabsichtigten, Roger gemeinsam anzugreifen. Beide erkannten ihn nicht als König an: In ihren Augen war er nichts weiter als ein Eindringling in das römische Imperium (*invasor imperii*). Obwohl der Plan eines byzantinisch-deutschen Angriffs aus verschiedenen Gründen nicht verwirklicht wurde, war beim Tod Rogers II. die Existenz des Königreichs Sizilien alles andere als gesichert.

Seinem Nachfolger Wilhelm I. (1154–66) gelang es trotz anfänglicher Schwierigkeiten, die meisten Probleme, die ihm sein Vater hinterlassen hatte, zu lösen. Das Verhältnis zum päpstlichen Lehnsherrn konnte er 1156 durch das sogenannte Konkordat von Benevent auf eine sichere Grundlage stellen: Der Papst erkannte sowohl den territorialen Umfang des Königreichs als auch den Einfluss des Herrschers auf die Landeskirche an. Weitere Sicherheit brachten Verträge mit Venedig, Genua und Byzanz. Mehrere Aufstände des Adels und der Städte in Süditalien schlug Wilhelm I. blutig nieder. Nicht verhindern konnte der König allerdings, dass die nordafrikanischen Küstenstädte in die Hände der von Marokko vordringenden Almohaden fielen.

Dass sich das von Roger geschaffene Königreich konsolidiert hatte, zeigte sich nach dem plötzlichen Tod Wilhelms I. 1166 im Alter von 45 Jahren. Für den zwölfjährigen Nachfolger Wilhelm II. übte dessen Mutter Margarete die Regentschaft aus, bis dieser 1171 volljährig wurde. Der befürchtete Angriff Friedrich Barbarossas auf das Königreich blieb aus, da der Staufer durch den Krieg gegen die lombardischen Städte und Papst Alexander III. gebunden war. Als Barbarossa schließlich erkannte, dass er seine italienischen Gegner mit militärischen Mitteln nicht bezwingen konnte, verständigte er sich im Frieden von Venedig 1177 mit dem Papst und dem König von Sizilien sowie wenige Jahre später im Frieden von Konstanz 1183 auch mit dem Lombardenbund. Nun war der Weg für ein staufisch-sizilianisches Heiratsbündnis frei: Barbarossas Sohn und Nachfolger Heinrich VI. heiratete 1186 Konstanze, die nachgeborene Tochter Rogers II., die Wilhelm II. im Falle seines kinderlosen Todes zur Erbin des Königreichs bestimmt hatte. Dass ein solcher Fall tatsächlich eintreten würde, schien unwahrscheinlich, denn der sizilianische Herrscher und seine Gemahlin waren noch jung.

Im Vergleich zu den nach seinem Tod ausbrechenden Kämpfen um die Thronfolge war die Regierung Wilhelms II. aus der Rückschau eine gute Zeit. Daher gab man ihm im 14. Jahrhundert den Beinamen «der Gute» im Unterschied zu seinem Vater Wilhelm I., den man als «den Bösen» bezeichnete. Dies geschah vermutlich nicht nur wegen der harten Mittel, mit denen Wilhelm I. seine Herrschaft durchsetzte, sondern auch weil er in Hugo Falcandus einen zeitgenössischen Geschichtsschreiber fand, der von ihm ein einseitig negatives Bild überlieferte.

Als Wilhelm II. 1189 im Alter von nur 36 Jahren kinderlos starb, wurde die Verbindung des Königreichs Sizilien mit dem staufischen Kaiserreich Wirklichkeit. Doch dagegen wehrten sich die führenden Kreise am Hof in Palermo, die um ihren Einfluss fürchteten. Unterstützung fanden sie beim Papst, der sich durch eine deutsch-sizilianische Vereinigung in die Zange genommen sah. In Palermo erhob man daher Anfang 1190 Graf Tankred von Lecce, einen unehelichen Sohn Herzog Rogers, des früh verstorbenen ältesten Sohns Rogers II., zum König (s. Tafel S. 107).

Heinrich VI. zog nach seiner Kaiserkrönung in Rom 1191 trotz ausdrücklichen Widerstands des Papstes mit seinem Heer in den Süden, um das Königreich Sizilien zu erobern. Er stützte seinen Anspruch sowohl auf das Erbrecht seiner Gemahlin Konstanze als auch das «alte Recht des Kaisertums» (*antiquum ius imperii*) über ganz Italien. Bei der Belagerung Neapels im Sommer 1191 brach jedoch eine Seuche aus, die den Kaiser und seine Truppen zum Rückzug zwang.

Erst drei Jahre später konnte Heinrich VI. in Palermo einziehen und sich zum König von Sizilien krönen lassen. Diesen Erfolg verdankte er auch einem für ihn glücklichen Umstand: Einige Monate zuvor waren Tankred und sein 1193 zum Mitkönig gekrönter Sohn Roger, der die byzantinische Kaisertochter Irene geheiratet hatte, gestorben. Tankreds minderjährigen Sohn Wilhelm III., für den seine Mutter Sibylle die Regentschaft übernommen hatte, ließ Heinrich VI. festnehmen und durch Blendung und Entmannung herrschaftsunfähig machen sowie auf eine Burg im Vorarlberg bringen, wo er nach wenigen Jahren starb.

Damit war das Ende der vom Sohn eines normannischen Einwanderers gegründeten sizilianischen Herrscherdynastie und der Beginn der staufischen Herrschaft über das Königreich Sizilien besiegelt. Die von Roger II. verwirklichte politische Einigung von Süditalien und Sizilien in einem einzigen Königreich

Die Könige von Sizilien (1130–1250)

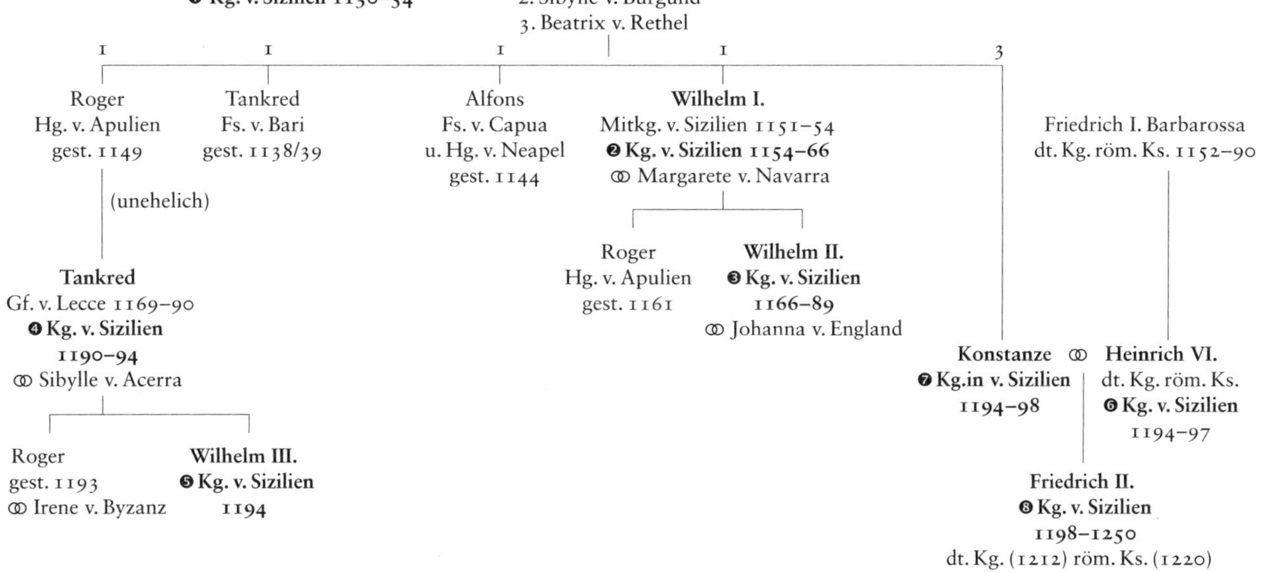

sollte (abgesehen von einer zeitweiligen Trennung nach der Sizilianischen Vesper 1282) bis zur Einheit Italiens im 19. Jahrhundert Bestand haben, während der Rest der italienischen Halbinsel in den Kirchenstaat und zahlreiche Stadt- und Kleinstaaten geteilt blieb.

Die «normannischen» Könige von Sizilien:	
Roger II.	1130–1154
Wilhelm I. (der Böse)	1154–1166
Wilhelm II. (der Gute)	1166–1189
Tankred von Lecce	1190–1194
Wilhelm III.	1194

Kulturelle Vielfalt Der politischen Einheit des Königreichs stand eine kulturelle Vielfalt gegenüber, die eine Folge der unterschiedlichen Vergangenheit der einzelnen Regionen war: In den zuletzt in das Reich integrierten nördlichen Gebieten (Kampanien und Abruzzen), die an den Kirchenstaat angrenzten (s. Karte S. 60), sowie im nördlichen Teil Apuliens lebten überwiegend römisch-lateinische Christen; im Süden Apuliens, in Teilen der Basilicata, in Kalabrien und im Nordosten Siziliens wohnten hingegen vorwiegend griechische Christen, während im Rest Siziliens die Muslime in der Mehrheit waren. Die soziale Stellung der Letzteren verschlechterte sich im Laufe der Zeit durch lateinische Einwanderer und den Druck des lateinischen Klerus. Die kapillare lateinische Bistumsorganisation des Königreichs Sizilien (145 Bistümer im Vergleich zu 45 im deutschen Reich und insgesamt 25 in England, Wales und der Normandie) sicherte der Kirche einen großen Einfluss.

Roger II. versuchte in der Gesetzgebung die kulturelle Vielfalt seines Reichs zu berücksichtigen. Zu Beginn seines Gesetzescorpus wird betont, dass mit Rücksicht auf die «Verschiedenheit der Bevölkerungsgruppen» (*pro varietate populorum*) die bisherigen Gewohnheitsrechte in Kraft blieben, wenn sie nicht im Widerspruch zu den neuen Gesetzen stünden. Dass dies tatsächlich der Fall war, bestätigt eine Urkunde des Bischofs von Catania aus dem Jahre 1168. Darin heißt es, «Lateiner, Griechen, Juden und Sarazenen» sollten jeweils nach ihrem eigenen Recht gerichtet werden. Dies bedeutete allerdings nicht, dass alle Religionen gleichberechtigt waren: Das Christentum war Staatsreligion, die anderen waren geduldet und mussten Beschränkungen hinnehmen. Auf Konversion vom Christentum zum Judentum oder Islam stand die Todesstrafe.

In der Repräsentation ihrer Herrschaft benutzten die Könige von Sizilien Symbole aus dem arabischen, byzantinischen und westeuropäischen Bereich. So ließ Roger II. nach dem Modell der ägyptischen Fatimidenkalifen einen Sonnenschirm als Herrschaftszeichen vor sich hertragen; und bei Audienzen legte er einen mit arabischen Bildern und Schriftzeichen geschmückten Mantel an, der später über Heinrich VI. in den Besitz der Staufer gelangte und heute in der Wiener Hofburg aufbewahrt wird. In griechisch-byzantinischer Umgebung ließ Roger sich im Gewand des byzantinischen Kaisers darstellen, so z. B. auf den Mosaiken der von Georg von Antiochia gegründeten Kirche Santa Maria dell'Ammiraglio in Palermo; in der lateinischen Nikolausbasilika in Bari hingegen wird er in einem eher westlichen Herrscherbild gezeigt, das auf das dortige Publikum zugeschnitten war.

Eine besondere kulturelle Situation herrschte am Königshof in Palermo, an dem sich Elemente arabischer, griechischer und lateinischer Kultur vermischten. Dabei muss man sich darüber im Klaren sein, dass Kulturen ebenso offen und Veränderungen unterworfen sind wie Völker. In der neueren Forschung bevorzugt man daher an Stelle des Begriffs der Multikulturalität, der unterschwellig die Annahme homogener Kulturen suggerieren kann, das Konzept der Transkulturalität, das auf die Übergangsformen abhebt, die durch die Verflechtungen zwischen den Kulturen entstehen (Borgolte). Solche Verflechtungen finden sich z. B. im erwähnten, in der Hofwerkstatt (arab. *tirāz*) in Palermo angefertigten Mantel Rogers II., der zwar ein arabisches Bildprogramm und am Saum eine arabische Inschrift trägt, jedoch insgesamt als westliches Kleidungsstück anzusehen ist.

Eine hybride Mischung orientalischer und westlicher Elemente bieten auch die sizilianischen Goldmünzen, die Tarì, die auf der einen Seite einen arabisch-muslimischen Herrschertitel, auf der anderen ein christliches Motto tragen. Das Gleiche gilt für die noch heute in Palermo zu bewundernde Palastkapelle, in der zwar arabische und griechische Bild- und Dekorationselemente übernommen wurden, nicht aber deren Inhalte. Die Verknüpfung beschränkte sich auf Äußerlichkeiten, die Substanz blieb westlich. Im Innern des prächtigen Königspalasts (heute *Palazzo dei Normanni* genannt) befand sich auch die nach arabischem Modell strukturierte Finanzbehörde (arab. *dīwān*); hier arbeiteten vorwiegend Araber, meist Eunuchen, die offiziell zum Christentum konvertiert waren, in Wirklichkeit aber Muslime blieben. Dass es dort auch einen Harem gab, wie einige moderne Historiker wohl inspiriert vom ottomanischen Sultanspalast in Istanbul dachten, ist eher unwahrscheinlich.

Ein faszinierendes Beispiel für die Mehrsprachigkeit in Palermo ist eine Grabtafel aus dem Jahr 1149, die neben einer arabischen, griechischen und lateinischen Inschrift auch eine vierte, in hebräischer Schrift eingravierte enthält. Sie betrifft die Grablegung der Mutter eines ansonsten nicht bezeugten königlichen Klerikers namens Grisandus. Das Todesjahr der Verstorbenen wird in verschiedenen Jahreszahlen angegeben: nach der jüdischen, christlich-lateinischen, christlich-byzantinischen und muslimischen Zeitrechnung. Da in der hebräischen und der arabischen Inschrift von Maria als Mutter des Messias die Rede ist, richtete sich die Tafel an Christen, vielleicht konvertierte Juden und Muslime.

Ob die sizilianischen Könige die arabische Sprache beherrschten, ist umstritten, ebenso, ob bzw. wie lange am Hof in Palermo Altfranzösisch gesprochen wurde. In diesem Zusammenhang ist eine Stelle der Chronik des Hugo Falcandus, wonach die Kenntnis der *lingua Francorum* am Hof notwendig gewesen sei, in der Forschung überbewertet worden. Sie bezieht sich wahrscheinlich nur auf die Kanzlerschaft des aus Frankreich stammenden Stephan von Perche (1167–68), der während der Regentschaft seiner Cousine, der Königin Margarete, in Palermo eine ebenso rasche wie kurze Karriere machte. Petrus von Eboli spricht in seiner zwischen 1195 und 1197 entstandenen Bilderchronik hingegen von der dreisprachigen Bevölkerung von Palermo und illustriert dies durch die Darstellung von griechischen, arabischen und lateinischen Kanzleischreibern, die in drei verschiedenen Räumen arbeiteten. Diese Form der Mehrsprachigkeit gehörte Ende des 12. Jahrhunderts allerdings bereits der Vergangenheit an, denn inzwischen war auch die Königskanzlei in Palermo latinisiert worden.

Seit der Mitte des 12. Jahrhunderts ging der Einfluss der griechischen und arabischen Beamten am Hof zurück. Bezeichnend ist, dass nach dem Tod Georgs von Antiochia der aus dem lateinischen Kulturkreis stammende Kanzleibeamte Maio von Bari (gest. 1160) zum Premierminister aufrückte. Nach seinem Tod übertrug Wilhelm I. die Regierungsgeschäfte, für die er im Unterschied zu seinem Vater kein großes Interesse zeigte, einem mehrköpfigen Rat von Vertrauten, den sogenannten Familiaren des Königs. In diesem normalerweise aus drei bis vier Mitgliedern bestehenden Gremium, das nur während der Regentschaft Margaretes auf bis zu zehn erweitert wurde, waren ursprünglich neben Mitgliedern des Klerus und der Verwaltung (darunter Eunuchen) auch Adlige vertreten. Letztere wurden jedoch vom Familiarenrat ausgeschlossen, nachdem Wilhelm II. seine Herrschaft ab 1171 eigenständig auszuüben begann.

Der Hof in Palermo war ein kulturelles Zentrum ersten Ranges, die Könige wissenschaftlich interessierte Mäzene: Roger II. ließ von einem byzantinischen Theologen (Neilos Doxapatris) ein griechisches Werk über die Geschichte der Patriarchate Antiochia, Rom, Alexandria, Jerusalem und Konstantinopel anfertigen, in dem, vielleicht als eventuelles Druckmittel auf den Papst, der Primat Konstantinopels gegenüber Rom herausgestellt wurde; den gelehrten al-Idrīsī beauftragte Roger mit einer arabischen Beschreibung der damals bekannten Welt und der Anfertigung einer Erdkarte. Während diese beiden Werke nicht ins Lateinische übersetzt wurden und daher in der westlichen Welt unbekannt blieben, wurden unter Wilhelm I. griechische Werke des Euklid, Aristoteles, Platon und anderer zum ersten

Mal ins Lateinische übertragen und damit der westlich-europäischen Kultur vermittelt. Wenn wir das im Norden bis Montecassino reichende Königreich Sizilien in seinem ganzen Umfang betrachten, so erkennen wir die Dominanz der lateinischen Kultur, die die anderen Kulturen immer weiter an den Rand drängte. Gegen Ende des 12. Jahrhunderts wurden daher mehrsprachige Persönlichkeiten immer seltener: Eine Person wie Eugenios von Palermo (gest. 1202), der aus dem Arabischen in seine Muttersprache Griechisch, aber auch direkt ins Lateinische übersetzte, war jetzt eine Ausnahme.

Die durch das neue Königreich erlangte politische Einheit führte nicht zur Bildung eines Gemeinschaftsbewusstseins. Dazu waren die regional unterschiedlichen politischen, kulturellen und religiösen Traditionen des Südens zu stark. Es gibt auch, abgesehen von der Insel Sizilien, kaum Zeugnisse für ein regionales Zusammengehörigkeitsgefühl, während lokale Identitäten und Rivalitäten gut zu belegen sind. Ein in Briefform verfasstes politisches Manifest (um 1190), das zum Widerstand gegen die Ansprüche des Staufers Heinrich VI. auf den sizilianischen Thron und zur Unterstützung König Tankreds von Lecce aufrief, richtete sich an den Patriotismus der Sizilianer, die zur Verteidigung der «Freiheit ihres Vaterlands» gegen die deutschen Barbaren aufgefordert wurden. Aus dem Text, der an Petrus, den Schatzmeister der Kirche von Palermo, gerichtet ist, geht aber hervor, dass auf Sizilien zwischen Christen und Muslimen Uneinigkeit herrschte, es also nur ein begrenztes sizilianisches Gemeinschaftsbewusstsein gab.

Außerdem wird hier von einer gemeinsamen Aktion von Sizilianern und Apuliern abgeraten mit der Begründung, dass letztere notorisch unzuverlässig seien. Dabei ist zu beachten, dass im mittelalterlichen Latein, in dem der Text abgefasst ist, oft mit Apulien nicht nur diese Region, sondern ganz Süditalien gemeint ist. Man nimmt in der Forschung an, dass sich eine Art von sizilianischem Nationalgefühl erst 1282 während des Aufstands gegen die Dynastie der Anjou, die auf die Staufer gefolgt war, bildete (sogenannte Sizilianische Vesper). Für die italienische Geschichte liegt die Bedeutung der Normannen darin, dass durch sie die bisher nach Byzanz orientierten Regionen Süditaliens und das arabische Sizilien in den lateinisch-westlichen Kulturbereich integriert wurden, zu dem sie bis heute gehören.

Normannische Erinnerungen Die Erinnerung an die normannischen Wurzeln verblasste, je weiter sich das Königreich Sizilien konsolidierte. Bezeichnend ist eine Episode, die sich zur Zeit des Abtes Egidius (gest. 1181) im Benediktinerkloster von Venosa (etwa 25 km südöstlich von Melfi) zugetragen haben soll. Robert Guiscard sei einem Mönch im Traum erschienen und habe sich darüber beklagt, dass man sein *cannavectus* (altfranz. *canivet*) genanntes Messer verloren habe, durch dessen Übergabe er «nach Sitte der Normannen» (*more Normannorum*) seine zahlreichen der Abtei gemachten Schenkungen symbolisch bestätigt habe. Das kleine Messer habe bis dahin unbeachtet unter einer Kiste gelegen und sei erst unter Abt Peter III. (1187–94) vom Rost gesäubert worden. In anderen Erscheinungen soll Robert Guiscard den Mönchen vorgeworfen haben, sein Grab und den Klosterbesitz zu vernachlässigen. Dass diese Geschichten einen wahren Kern haben, zeigt ein Verzeichnis der im 14. Jahrhundert in der Sakristei von Venosa aufbewahrten Gegenstände, unter denen ein Messer Robert Guiscards erwähnt wird.

Die um 1040 von Drogo von Hauteville gegründete Abtei von Venosa war im August 1059 im Zusammenhang mit der Erhebung seines Bruders zum Herzog durch Papst Nikolaus II. geweiht und direkt dem Apostolischen Stuhl unterstellt worden. Um 1070 bestimmte Robert Guiscard sie zur Grablege seiner Familie und siedelte hier Mönche aus dem normannischen Kloster Saint-Évroult an. Diese waren ihrem Abt Robert von Grandmesnil, der sich mit dem Herzog der Normandie überworfen hatte, um 1060 in den Süden gefolgt, wo Robert Guiscard ihnen ein Kloster in Sant'Eufemia in Kalabrien zur Verfügung stellte. Eine Stiefschwester des Abtes, Judith von Évreux, die ihn nach Italien begleitete, heiratete Anfang 1062 Graf Roger I. von Sizilien. Als dieser um 1080 in seiner kalabresischen Residenz Mileto eine Abtei gründete, die er zu seiner Grablege bestimmte, siedelte er hier normannische Mönche aus Sant'Eufemia an. Sie sollten für das Seelenheil ihrer Landsleute, die sich erfolgreich in Süditalien etabliert hatten, beten und die Erinnerung an sie auch nach deren Tod lebendig halten.

In Venosa reformierte der normannische Abt Berengar (1070–95), unter dem der Konvent von 20 auf 100 Mönche anwuchs, nicht nur die Liturgie und die Schreibschule, sondern begann mit Unterstützung Robert Guiscards auch den Bau einer neuen, von französischen Modellen beeinflussten riesigen Klosterkirche, die allerdings unvollendet blieb. Der in Saint-Évroult lebende Chronist Ordericus Vitalis, der durch Mitbrüder, die in Süditalien gewesen waren, gut informiert war, schrieb zwischen 1115 und 1141, dass noch damals («bis heute») in den drei erwähnten süditalienischen Klöstern der Chorgesang von Saint-Évroult und dessen monastische Gewohnheiten gepflegt wurden. David Hiley hat zudem nachgewiesen, dass sizilianische Musikhandschriften des 12. Jahrhunderts normannische Einflüsse zeigen. Diese könnten durch den ebenfalls aus Saint-Évroult stammenden Bretonen Ansger (gest. 1125) vermittelt worden sein: Er kam über Sant'Eufemia nach Catania, wo er Abt und Bischof wurde.

Als Melfi unter den Nachfolgern Robert Guiscards seine Bedeutung zugunsten Salernos verlor, wurde es auch im benachbarten Venosa stiller. Das liturgische Gedenken an die normannischen Gründer und Förderer wurde jedoch weiter gepflegt, auch wenn die Mönche inzwischen nicht mehr aus der Normandie, sondern aus Süditalien stammten. Um die Mitte des 12. Jahrhunderts entstand ein für das morgendliche Gedenken der verstorbenen Mönche und Wohltäter im Kapitelssaal bestimmter Kodex; er enthält die Namen von über 1000 Personen, die im Gebetsgedenken mit der Abtei verbrüdert waren. Darunter sind zwar viele Normannen, aber nur ein Abt von Saint-Évroult (Theoderich, gest. 1058) aufgeführt: Die normannischen Wurzeln der Abtei von Venosa verloren zusehends an Bedeutung. Umgekehrt wird sie als einziges italienisches Kloster im Kapitelsbuch von Saint-Évroult (12. Jahrhundert) unter den verbrüderten Konventen genannt.

Die Treue zu den Normannen wurde der Abtei Venosa schließlich zum Verhängnis, als sie im Thronstreit von 1190 Tankred von Lecce unterstützte: Heinrich VI. unterstellte sie zur Strafe dem Abt von Montecassino. So gelangte auch das erwähnte Kapitelsbuch mit der Erinnerung an die normannische Vergangenheit auf den Berg des heiligen Benedikt, wo es noch heute (als Codex Nr. 334) aufbewahrt wird.

Epilog: Migration, Integration und Identität

Wir Abendländer sind jetzt zu Orientalen geworden: Wer Römer oder Franzose war, ist hier zum Galiläer oder Palästinenser geworden; wer aus Reims oder Chartres stammte, wurde zum Tyrer oder Antiochener. Schon haben wir die Orte unserer Geburt vergessen; schon sind sie den meisten von uns unbekannte oder nie gehörte Namen. Schon besitzt der eine eigene Häuser und Diener wie aus väterlichem Erbrecht; andere heirateten, aber nicht nur eine Landsmännin, sondern auch eine Syrerin oder Armenierin, bisweilen auch eine getaufte Sarazenin. (...) Wer ein Fremdling war, ist jetzt gleichsam ein Eingeborener. (...) Wer mittellos war, den hat Gott hier reich gemacht. Wer wenig Geld hatte, besitzt hier zahllose Goldmünzen. Wer kein Dorf besaß, dem gehört hier durch die Gabe Gottes eine ganze Stadt. Warum also sollte ins Abendland zurückkehren, wer hier einen solchen Orient fand?

So beschreibt Fulcher von Chartres, Kaplan König Balduins I. von Jerusalem, 1127 die Europäer, die drei Jahrzehnte zuvor mit dem 1. Kreuzzug ins Heilige Land gekommen und hier ansässig geworden waren. In seinen Augen hatten sich die Kreuzfahrer so gut in ihre orientalische Umgebung integriert, dass sie ihre kulturelle Identität, ihr Zugehörigkeitsgefühl zu ihrer Heimat im Abendland, verloren hatten. Als einen Grund für diesen raschen Wandel nennt Fulcher die Mischehen als Anreiz für die Entscheidung, nicht mehr nach Europa zurückzukehren, sowie materielle Vorteile. Das hier aus der Perspektive des Zeitgenossen angesprochene Phänomen des Identitätsverlustes, den die kulturelle Assimilation hervorrufen konnte, ist auch ein wichtiger Aspekt der normannischen Expansion und Migration, auf den wir im Folgenden kurz eingehen.

Migrationen sind ein ständiges Phänomen der Menschheitsgeschichte. Die Übergangsphase von der Antike zum Mittelalter war geprägt durch die Einwanderung germanischer Völker in den Mittelmeerraum: So zogen, um nur zwei Beispiele zu nennen, unter Geiserich (gest. 477) circa 80 000 Vandalen in das römische Nordafrika, während sich, wie bereits erwähnt, im 6. Jahrhundert etwa 100 000 bis 150 000 Langobarden in Italien ansiedelten. Für dieses Phänomen hat man im Deutschen lange Zeit den Begriff der Völkerwanderung benutzt. Heute zieht man den Ausdruck Massenmigration vor, denn die Völker, von denen die mittelalterlichen Historiker sprechen, waren keine geschlossenen ethnischen Einheiten, sondern Großgruppen, die sich durch die Aufnahme anderer Gruppen kontinuierlich veränderten.

Im Fall der normannischen Migrationen des 11. und beginnenden 12. Jahrhunderts stellt sich die Situation allerdings anders dar: In Süditalien, England und Antiochia waren die normannischen Eroberer im Vergleich zur einheimischen Bevölkerung nur eine kleine Minderheit. Und das gilt in noch stärkerem Maße für die misslungenen Versuche normannischer Herrschaftsbildungen in Anatolien und Spanien, die wir erwähnt haben. Lediglich im von der nahen Normandie aus leicht zu erreichenden England folgten den Erobern auch Siedler (vermutlich etwa 8000 bis 10 000).

Angehörige einiger normannischer Familien emigrierten sowohl nach England als auch nach Italien und in den vorderen Orient. Aus der dem mittleren Adel zugehörenden Familie Grandmesnil aus der Gegend von Falaise (südlich von Caen) nahm Hugo, ein Bruder des erwähnten, um 1060 nach Italien geflohenen Abtes Robert von Saint-Évroult (s. S. 113), an der Eroberung Englands teil und erhielt umfangreichen Landbesitz in der Gegend von Leicester. Sein ältester Sohn Ivo verlor diesen Besitz jedoch nach einem Konflikt mit König Wilhelm II. und brach ins Heilige Land auf, wo er 1102 starb. Ivos Bruder Wilhelm (gest. 1114) emigrierte um 1075/80 nach Süditalien. Dort heiratete er eine Tochter Robert Guiscards und erhielt Land in Kalabrien; doch als er an einem Aufstand gegen seinen Schwiegervater teilnahm, zwang dieser ihn, ins Exil zu gehen. Wilhelm erhielt später zwar die Erlaubnis, aus Byzanz nach Kalabrien zurückzukehren, musste aber eine Verminderung seines Besitzes hinnehmen. Sein Sohn, Robert von Grandmesnil, lehnte sich vergeblich gegen Roger II. (1129) auf und emigrierte schließlich in die Normandie.

Nicht alle normannischen Migranten kamen freiwillig: Hugo Bunel, Sohn des Robert von Igé, ermordete 1077 die Gräfin Mabel von Bellême und verließ daraufhin mit seinen Brüdern die Normandie, um sich einer Bestrafung zu entziehen. Er floh zunächst nach Süditalien, dann nach Sizilien und schließlich nach Byzanz. Da er sich auch dort nicht vor der Rache der Verwandten der ermordeten Gräfin sicher gefühlt habe – so der Chronist Ordericus Vitalis –, habe der Normanne dann bei den Ungläubigen (vermutlich Seldschuken) Zuflucht gesucht. In den zwanzig Jahren, die er bei ihnen verbrachte, sei er mit ihren Gewohnheiten und ihrer Sprache vertraut geworden. 1099 habe Hugo sich den Kreuzfahrern, die Jerusalem belagerten, angeschlossen und sei dem normannischen Herzog Robert durch seine Kenntnis der muslimischen Kampftaktik von großem Nutzen gewesen.

Wie reagierten die Einheimischen auf die normannischen Einwanderer und Eroberer? Bei der Antwort auf diese Frage muss man differenzieren zwischen England und dem Mittelmeerraum. Im ersten Fall stand den Invasoren, die ein bereits bestehendes Königreich eroberten, eine kulturell relativ homogene Bevölkerung gegenüber, deren Oberschicht so gut wie vollständig entmachtet wurde. Die Folge war eine mehrere Jahrzehnte andauernde feindliche Haltung der Einheimischen, die ohnmächtig zusehen mussten, wie die Eroberer das Land und die führenden Positionen in Staat und Kirche unter sich aufteilten. Ein trennendes Element war zunächst die französische Sprache der normannischen Eroberer und Einwanderer; einigend wirkten hingegen die gemeinsame christlich-lateinische Religion und kulturelle Affinitäten zwischen der Normandie und England, die auf beiderseitigen skandinavischen Wurzeln und seit langem bestehenden nachbarschaftlichen Kontakten beruhten.

Im Mittelmeerraum war die Lage komplizierter: Aus dem von der lateinischen Kultur geprägten nördlichen Teil Süditaliens (Kampanien und Nordapulien) hören wir in der ersten Hälfte des 11. Jahrhunderts Klagen über Gruppen eingewanderter normannischer Ritter, die Kirchengut plünderten und Gewalttaten gegen die Zivilbevölkerung verübten. Diese Klagen verstummten jedoch, als die von Einwanderern zu Eroberern gewordenen Normannen durch die päpstliche Belehnung 1059 legitimiert wurden (s. S. 66) und sich verpflichteten, die Kirchen und die Bevölkerung zu beschützen. Auch im griechisch geprägten südlichen Teil Süditaliens (in Kalabrien, Südapulien und Teilen der Basilicata) verständigte sich die kleine Minderheit der normannischen Herren bald mit der einheimischen Bevölkerung, indem sie die griechisch-orthodoxen Klöster förderte und die griechischen Bischöfe nur dort durch lateinische ersetzte, wo dies keinen Widerstand hervorrief.

Anders war die Lage auf Sizilien, wo nur die christliche Minderheit die Eroberer mit offenen Armen aufnahm, während die muslimische Mehrheit Widerstand leistete. Die Normannen gingen auch in dieser ihnen kulturell fremden Umgebung pragmatisch vor und gestatteten den muslimischen Sizilianern die Beibehaltung ihrer Religion und in den Städten auch eine gewisse Selbstverwaltung. Viele Muslime, vor allem der Oberschicht, wollten jedoch nicht unter der Herrschaft von Ungläubigen leben und emigrierten in den Maghreb oder das maurische Spanien.

Im von Bohemund eroberten Antiochia sah die mehrheitlich christliche griechische, syrische und armenische Stadtbevölkerung die kleine normannisch-fränkische Oberschicht als Befreier von der Herrschaft der Seldschuken (s. S. 85). Konflikte entstanden nur durch den Aufbau einer neuen Kirchenorganisation mit einem lateinischen Patriarchen an der Spitze, der den Widerstand des an Byzanz gebundenen orthodoxen Klerus hervorrief. Aber angesichts der schon vorher bestehenden Vielfalt christlicher Kultformen wurde der Wechsel in der kirchlichen und politischen Führungsspitze wahrscheinlich von der Mehrheit der Bevölkerung kaum wahrgenommen.

Die Integration von Zuwandern ist ein Problem, das seit dem Ende des 20. Jahrhunderts eine neue Aktualität angenommen hat. Ob und wie sich Einwanderer integrieren und assimilieren, hängt von verschiedenen Faktoren ab: von ihrer Zahl, ihrer Zusammensetzung (Gruppen von Familien oder Einzelnen), ihrer sozialen Stellung, ihrer Kultur und Religion sowie davon, ob sie sich verstreut oder in größeren Gruppen ansiedeln. Auch der Wille der Einwanderer, sich zu integrieren, die Reaktion der Einheimischen sowie Institutionen, die die Integration bewusst oder unbewusst fördern, beeinflussen diesen Prozess, wobei eine stark integrative Wirkung von Heiraten zwischen den verschiedenen Bevölkerungsgruppen ausgeht.

Dies zeigen auch die Beispiele, die wir in den vorhergehenden Kapiteln erwähnt haben: Die Wikinger, die sich in Nordfrankreich niederließen, waren bereit, sich in das christliche Frankenreich zu integrieren, indem sie dessen Religion und Sprache annahmen; Mischehen konnten diesem Schritt vorausgehen und ihn erleichtern, ihm aber auch erst folgen. Die fränkischen Herrscher förderten die Integration, um die Nordgrenze ihres Reiches zu sichern. Das Ergebnis war die Ethnogenese der Normannen, die Entstehung eines neuen Volkes, das zwar die Religion und Sprache seiner Vorfahren aufgab, aber Erinnerungen an skandinavische Wurzeln pflegte, durch die es sich von den anderen Franken/Franzosen unterschied. Bei der Integration und Bildung einer spezifisch normannischen Identität spielte, wie wir gesehen haben, die lateinische Kirche eine wichtige Rolle (s. S. 19).

Das Gleiche gilt für die Integration der Normannen in England und Süditalien. In England erleichterten, wie erwähnt, die gemeinsame Religion und ähnliche Kultur die Verbindungen zwischen Eroberern und Einheimischen. Die normannisch-französische Sprache verdrängte die angelsächsisch-altenglische aus dem schriftlichen, nicht jedoch aus dem mündlichen Bereich. Die Folge war, dass die Literatur und die Verwaltungsdokumente nur noch in Latein und/oder Französisch abgefasst wurden. Andererseits wurde seit dem Ende des 12. Jahrhunderts auch im Adel das Englische zur Muttersprache, während das Französische hier zur Zweitsprache wurde (s. S. 46). Erst im 14. Jahrhundert kehrte das Englische, das nur im Wortschatz wesentlich vom Französischen beeinflusst wurde, schließlich auch in die Literatur zurück.

Die auf den ersten Blick erstaunliche Tatsache, dass in England die Eroberer im Alltag die Sprache der Unterworfenen annahmen, hing nicht nur damit zusammen, dass sie eine Minderheit waren. Wichtig war auch, dass die Normannen in der englischen Kirche nur die führenden Positionen mit Geistlichen besetzen konnten, die aus Frankreich stammten. Im zahlenmäßig starken einheimischen Klerus wurde die Erinnerung an die angelsächsische Vergangenheit lebendig erhalten, wobei die Verehrung englischer Heiliger und die große Verbreitung der englischen Kirchengeschichte des Beda Venerabilis (gest. 735) eine nicht zu unterschätzende Rolle spielten. Hinzu kam, dass die normannischen Könige von England die Kontinuität zum vorhergehenden angelsächsischen Königshaus unterstrichen und mit diesem verwandtschaftliche Verbindungen knüpften (s. S. 41). So begannen sich die Nachfahren der normannischen Eroberer seit der zweiten Hälfte des 12. Jahrhunderts als Engländer zu sehen.

Auch im zum lateinischen Kulturbereich gehörenden nördlichen Teil Süditaliens gelang es den Normannen, sich durch Heiraten innerhalb weniger Generationen zu integrieren. Hier war zu Beginn des 12. Jahrhunderts zwar die Oberschicht des Adels von Nachkommen normannischer Einwanderer und Eroberer dominiert; im mittleren und niederen Adel hatten hingegen viele Familien langobardischer Herkunft ihre Positionen verteidigen können. In Südapulien und Kalabrien, die von der griechisch-byzantinischen Kultur geprägt waren, ging die Integration der Normannen erheblich langsamer voran. Durch die unter Roger II. vollzogene Expansion des Königreichs Sizilien nach Norden bis an die Grenze des späteren römischen Kirchenstaats wurde das lateinische Element allerdings immer stärker, während die Bedeutung der griechischen und arabischen Kultur zurückging (s. S. 108).

Sowohl in England als auch in Süditalien kann man davon ausgehen, dass der Integrationsprozess höchstens 100 Jahre dauerte, was mit den Erkenntnissen der neueren Migrationsforschung übereinstimmt, nach der sich Einwanderer in der Regel spätestens nach vier Generationen in ihre neue Umgebung integrieren beziehungsweise assimiliert werden. Unter besonderen Umständen kann dieser Prozess aber schneller verlaufen: Im Kreuzfahrerfürstentum Antiochia wurde die kleine normannische Oberschicht bereits 1119 durch die verheerende Niederlage auf dem Blutfeld so dezimiert, dass sich die wenigen überlebenden Normannen rasch in den im Heiligen Land ansässig gewordenen französischen Adel integrierten, der in die frei gewordenen Positionen in Antiochia nachrückte (s. S. 94). Und wie stark dieser Kreuzfahreradel bereits 1127 von der orientalischen Kultur beeinflusst war, sahen wir an den zu Beginn dieses Epilogs zitierten Worten Fulchers von Chartres.

Man geht in der Forschung davon aus, dass der Preis für die Bereitschaft und Fähigkeit der Normannen, sich in neue fremde Umgebungen zu integrieren, der Verlust ihrer normannischen und die Annahme einer neuen Identität gewesen sei: Aus Normannen seien Engländer oder Süditaliener geworden. Dabei benutzt man indes oft einen statischen Identitätsbegriff und übersieht, dass – abgesehen davon, dass Identitäten ähnlich wie Kulturen und Völker ständig im Wandel sind – es auch multiple und sich verschiebende Identitäten (*shifting identities*) gibt. So finden wir unter den sizilischen Bauern des 12. Jahrhunderts Muslime mit griechisch-christlichen Namen und Christen mit arabisch-muslimischen Namen wie Mohammed (Metcalfe). Und auch angesichts der Tatsache, dass Roger II. zwar der Sohn eines normannischen Einwanderers war, es jedoch keine Belege dafür gibt, dass er sich als Normanne fühlte, ist es letztlich kaum angebracht, von einem normannischen Königreich Sizilien zu sprechen, wie dies üblicherweise getan wird. Urkunden Rogers, die von «unseren Normannen» sprechen, sind spätere Fälschungen und daher auch kein Indiz, das auf eine normannische ‹Identität› des ersten Königs von Sizilien schließen lassen könnte.

Es bleibt abschließend die Frage, weshalb die Normannen auch als Minderheit in England und Süditalien so erfolgreich waren, in anderen Ländern dagegen nicht. Wichtig waren sicherlich ihre Bereitschaft zur Anpassung, ihr Pragmatismus und ihre militärische Erfahrung. Hinzu kommt, dass sie in England und Süditalien zwar eine Minderheit stellten, aber nicht eine so verschwindend kleine wie in Antiochia oder bei den gescheiterten Versuchen der Herrschaftsbildung in Anatolien und Tarragona. Auch der Zufall spielte eine Rolle, was besonders am Fall Antiochias deutlich wird, wo das normannische Element in-folge der in der erwähnten Schlacht von 1119 erlittenen schweren Verluste nur zwanzig Jahre nach der Gründung des Fürs-tentums rasch an Bedeutung verlor. Im Unterschied dazu waren sowohl die Eroberung von Süditalien und Sizilien als auch die folgende Entstehung und Stabilisierung des Königreichs Sizilien einer Reihe glücklicher Umstände zu verdanken: Das byzantinische und das römisch-deutsche Kaiserreich waren von Problemen in Anspruch genommen, die es ihnen nicht erlaubten, den normannischen Eroberern entgegenzutreten; die islamischen Mächte waren zu zerstritten und mit dem Kampf gegen die Kreuzfahrer beschäftigt, um an eine Rückeroberung Siziliens zu denken; das ebenfalls krisengeschüttelte Papsttum benötigte hingegen die militärische Unterstützung der Normannen.

Mit ihrer Expansion nach England und den Eroberungen im Süden veränderten die Normannen im 11. und 12. Jahrhundert die politische Landkarte (s. Karte hintere Umschlaginnenseite) und das kulturelle Gesicht Europas. Andere normannische Eroberer und Abenteurer hinterließen langfristig keine Spuren, sind aber als Grenzgänger zwischen Okzident und Orient von Interesse. Der nachhaltige Erfolg der Normannen im Norden und Süden Europas erklärt sich, wie wir gesehen haben, mit ihrer Fähigkeit, sich unterschiedlichen geographischen, politischen und kulturellen Umgebungen anzupassen und sich in sie zu integrieren.

Den Normannen war 2020 eine internationale Tagung und 2022/23 eine Ausstellung in den Mannheimer Reiss-Engelhorn-Museen gewidmet. Hier ging es vor allem um transkulturelle Verflechtungen, die die normannischen Welten in besonderem Maße prägten. Es wurde klar, dass in unserer heutigen Zeit, in der Immigrationen, Mobilität und kulturelle Interaktion aktuelle Probleme sind, normannische Integrationsfähigkeiten, Verschmelzungen und Hybridisierungen von großem Interesse sind. Zugleich besteht kein Bedarf mehr an einer Geschichte von Siegern, die mit blutiger Gewalt rücksichtslos andere Gruppen von Menschen unterwarfen und neue Herrschaftsbereiche errichteten.

Literaturhinweise

Asbridge, T. S.: The Creation of the Principality of Antioch 1098–1130, Woodbridge 2000.

Bauduin, P. : La première Normandie (X^e-XIe siècles). Sur les frontières de la haute Normandie. Identité et construction d'une principauté, Caen 2004.

Becker, J.: Graf Roger I. von Sizilien. Wegbereiter des normannischen Königreichs, Tübingen 2008.

–: Graf Roger I. von Kalabrien und Sizilien. Eine realistische Herrschaft zwischen drei Kulturen?, in: Engels, D./Geis, L.,/Kleu, M. (Hg.), Zwischen Ideal und Wirklichkeit. Herrschaft auf Sizilien von der Antike bis zum Spätmittelalter, Stuttgart 2010, S. 265–281.

Borgolte, M.: Europa entdeckt seine Vielfalt 1050–1250, Stuttgart 2002.

Houben, H.: Roger II. von Sizilien. Herrscher zwischen Orient und Okzidente, Darmstadt 1997, 2. erweiterte Aufl. 2010.

–: Between Occidental and Oriental Cultures: Norman Sicily as «Third Space»?, in: Burkhardt, S./Foerster, D. (Hg.), Norman Identity and Cultural Exchange. Tradition and Heritage in the Kingdom of Sicily and the Norman Peripheries, Farnham 2013, S. 19–33.

–: Le royaume de Sicile, était-il vraiment «normand»?, in: Bates, D./Bauduin, P. (Hg.), 911–2011: Penser le mondes normands médiévaux, Caen 2016, S. 325–339.

Johns, J.: Arabic Administration in Norman Sicily. The Royal Diwān, Cambridge 2002.

–: The Bible, the Qur'ān and the Royal Eunuchs in the Cappella Palatina, in: Dittelbach, T. (Hg.), Die Cappella Palatina in Palermo. Geschichte, Kunst, Funktion. Forschungsergebnisse der Restaurierung, Künzelsau 2011, S. 560–570 [deutsch S. 198–216].

King, M.: The Norman Kings of Africa?, in: The Haskins Society Journal 28 (2017) S. 134–166.

Lilie, R.-J.: Byzanz und die Kreuzzüge, Stuttgart 2004.

Lohrmann, D.: Die Rolle Antiochiens bei der Einführung der *scientia Arabum* in Westeuropa (11.–12. Jh.), in: Leder, S. (Hg.), Crossroads between Latin Europe and the Near East: Corollaries of the Frankish Presence in the Eastern Mediterranean (12th–14th cent.), Würzburg 2011, S. 269–285.

Loud, G. A.: Victors and Vanquished in Norman Italy, in: Pahlitzsch, J./Rogge, J. (Hg.), Victors and Vanquished in the Euro-Mediterranean, Mainz 2024, S. 138–197.

Loud, G. A./Metcalfe, A. (Hg.): The Society of Norman Italy, Leiden 2002.

Metcalfe, A.: Muslims and Christians in Norman Sicily. Arabic speakers and the end of Islam, London/New York 2003.

Sarnowsky, J.: England im Mittelalter, Darmstadt 2002.

Skiba, V./Jaspert, N./Schneidmüller, B./Rosendahl, W. (Hg.): Die Normannen. Eine Geschichte von Mobilität, Eroberung und Innovation, Regensburg 2022.

Skiba, V./Jaspert, N./Schneidmüller, B. (Hg.): Norman Connections. Normannische Verflechtungen zwischen Skandinavien und dem Mittelmeer, Regensburg 2022.

Stringer, K. J./Jotischky, A. (Hg.): Norman Expansion. Connections and Contrasts, Farnham 2013.

Takayama, H.: Sicily and the Mediterranean in the Middle Ages, London/New York 2019.

Thomas, H. M.: The English and the Normans. Ethnic Hostility, Assimilations, and Identity 1066-c. 1220, Oxford 2003.

Personenregister

Adelard v. Bath 94
Adele (Gerloc), Tochter Rollos 13, 16
Adele, Frau Stephans III. v. Blois 26, 43
Adelheid, Frau Heinrichs I. v. Engl. 42
Adelheid (Adelasia) del Vasto 76, 97–99, 103
Alain, Hzg. v. Bretagne 22
Alberada, Frau Robert Guiscards 63, 65, 89
Alexander II., Papst 32, 68
Alexander III., Papst 50, 105
Alexios I. Komnenos, Kaiser 71, 73, 80–81, 83–85, 91
Alfons I., Kg. v. Aragon 96
Alfons VI., Kg. v. Kastilien-León 104
Alfons VIII., Kg. v. Kastilien 49
Alfred der Große, Kg. v. Wessex 26–28
Alfred, Sohn Ethelreds II. 28–29
Alice v. Jerusalem 89, 93
Amatus v. Montecassino 56–57
Anaklet II., Papst 100–101
Anastasius v. Venedig 24
Anna Komnena 70, 84
Anselm v. Aosta 25, 40
Ansger, Abt/Bf. v. Catania 114
Antenor, Kg. v. Dacia 14
Arduin 62
Arnulf I., Gf. v. Flandern 17
Balduin I., Kg. v. Jerusalem 86, 98, 115
Balduin II., Kg. v. Jerusalem 89, 93
Balduin V., Gf. v. Flandern 23, 32
Balduin v. Bourcq 87, 90, 92–93
Basilios Boiannes 61
Beatrix v. Rethel 104, 107
Beda Venerabilis 120
Benedikt VIII., Papst 61
Benedikt X., Papst 66
Berengar I. v. Friaul 13
Berengar, Gf. v. Bayeux 13
Berengar, Abt v. Venosa 114
Bernard Tort, Erzbf. v. Tarragona 96–97
Bohemund I. v. Antiochia 7, 65, 70–73, 77, 80, 83–87, 89–92, 99, 118
Bohemund II. v. Antiochia 89, 91, 93, 99
Bohemund VII. v. Antiochia 95
Cadalus, Bf. v. Parma 68
Caesar 35
Cecilie v. Frankr. 89–90
Chavli Saqaveh 93
Christodulos 103
Clemens III., Gegenpapst 72
Daibert v. Pisa 86
Desiderius, Abt v. Montecassino 65–66
Drogo, Gf. v. Apulien 62–64, 113
Dudo v. St-Quentin 12–14, 19
Edith, Tochter Godwins v. Essex 30
Edith (Mathilde) v. Schottl. 26, 41
Edmund (II.), Kg. v. Engl. 26, 28-29
Eduard (III.), Kg. v. Engl. 20, 23, 26, 28–31, 35
Egidius, Abt v. Venosa 113
Eleonore v. Aquitanien 26, 44, 46–47, 52
Eleonore, Tochter Heinrichs II. v. Engl. 49
Elfgifu, Frau Ethelreds II. 26, 28
Elfgifu, Frau Knuts des Großen 26, 29
Elvira, Frau Rogers II. 104, 107
Emma, Tochter Richards I. v. Normandie 20, 26, 28–29
Ethelred II., Kg. v. Engl. 20, 26, 28–29, 41
Eugenios v. Palermo 112
Eustachius, Sohn Kg. Stephans v. Engl. 26, 45
Flodoard v. Reims 17–18
Franco, Erzbf. v. Rouen 12
Friedrich I. Barbarossa, Kaiser 9, 49–50, 53, 105, 107
Friedrich II., Kaiser 9, 83, 107
Friedrich, Sohn Barbarossas 49
Fulcher v. Chartres 115, 121
Fulco IV., Gf. v. Anjou 37
Fulco V. v. Anjou, Kg. v. Jerusalem 42–43, 89, 93

Garcia IV. Ramirez, Kg. v. Navarra 104
Geiserich 116
Georg v. Antiochia 103, 109, 111
Georg Maniakes 78
Gerard v. Buonalbergo 63
Gilbert v. Brionne 22
Gisela, Karolingerin 12
Gisela, Tochter Karls III. des Einf. 12–13
Gisulf II., Fürst v. Salerno 65
Godwin, Gf. v. Essex 30
Gottfried v. Bouillon, Hzg. 82, 86
Gottfried, Hzg. v. Bretagne 20
Gottfried (Sohn Heinrichs II.), Hzg. v. Bretagne 26, 49
Gottfried Martell, Gf. v. Anjou 22–23
Gottfried V., Gf. v. Anjou 26, 43–44
Gottfried VI. Plantagenêt 44
Gottfried Malaterra 62, 71
Gottfried, Wikinger 12
Gregor VII., Papst 40, 68–70, 72–73, 76
Grisandus, Kleriker Rogers II. 110
Guarinus, Kanzler Rogers II. 104
Guido v. Burgund 22
Gyrth, Gf. v. Ostanglien 30
al-Hafīz, Kalif 102
Hadrian IV., Papst 51
Hannibal 61
Harald Blauzahn, Kg. v. Dänem. 29
Harald Hardrada, Kg. v. Norwegen 31–32
Harald Harefoot, Kg. v. Engl. 26, 29
Harald v. Wessex, Kg. v. Engl. 27, 30–35
Harald Klak 11
Harthaknut, Kg. v. Dänem./Engl. 26, 29–31
Heinrich II., Kaiser 61
Heinrich III., Kaiser 63, 65, 69
Heinrich IV., Kaiser 39, 68–70, 72, 76
Heinrich V., Kaiser 26, 42–43
Heinrich VI., Kaiser 9, 53, 105–107, 109, 112, 115
Heinrich I., Kg. v. Engl. 26, 38–43, 45–47
Heinrich II., Kg. v. Engl. 26–27, 44–47, 49–54, 56, 104
Heinrich I., Kg. v. Frankr. 22–23
Heinrich der Löwe, Hzg. v. Bayern/Sachsen 49
Heinrich der Jüngere, Sohn Heinrichs II. v. Engl. 26, 49, 51–52
Heinrich del Vasto 76, 97
Herbert II., Gf. v. Vermandois 16
Hervé, Ritter 78–79
Hildebrand v. Soana 32
Honorius II., Gegenpapst 68
Honorius II., Papst 98, 100
Hugo Capet, westfränk. Kg. 18
Hugo der Große, Hzg. v. Francia 13, 17–18
Hugo, Gf. v. Vermandois 82
Hugo Bunel, Sohn Roberts v. Igé 117
Hugo Falcandus 106, 110
Hugo v. Grandmesnil 116
Hugo, Bf. v. Bayeux 21
Humbert v. Silva Candida, Kardinal 64
Humfred, Gf. v. Apulien 64–65
Ibn al-Ḥawwās 74
Ibn al-Qaysarāni 95
Ibn al-Thumna 74
al-Idrīsi 103, 111
Ilghazi v. Mardin 93
Innozenz II., Papst 43, 100–101
Innozenz III., Papst 54
Irene v. Byzanz 106–107
Isaak I. Komnenos, Kaiser 79
Ivo v. Grandmesnil 116
Ivo, Bf. v. Chartres 40
Johann, Kg. v. Engl. 26, 51–52, 54–56
Johanna, Tochter Heinrichs II. v. Engl. 49, 107
Johannes II., Kaiser 95
Johannes Dukas 80
Johannes, Bf. v. Avranches 21
Johannes v. Ravenna, Abt v. Fécamp 24
Jordan I., Fürst v. Capua 70
Judith v. Évreux, Frau Rogers I. 113
Karl der Große, Kaiser 10, 58
Karl III. der Dicke, Kaiser 11
Karl II. der Kahle, westfränk. Kg. 12
Karl III. der Einfältige, westfränk. Kg. 12–13
Kerboga, Emir 85–86
Knut der Große, Kg. v. Engl./Dänem. 26, 28–29
Knut (IV.), Kg. v. Dänem. 37
Koloman, Kg. v. Ungarn 76
Konrad II., Kaiser 29, 62
Konrad III., röm.-dt. Kg. 104
Konrad, Sohn Heinrichs IV. 76
Konstantin der Große, Kaiser 51

Konstantin X. Dukas, Kaiser 79
Konstantin, Sohn Michaels VII. 67
Konstanze, Frau Heinrichs VI. 9, 104–107
Konstanze v. Frankr. 89–91
Konstanze, Tochter Bohemunds II. 89, 93
Landulf VI., Fürst v. Benevent 68
Lanfranc v. Pavia 24–25, 40
Leo IV., Papst 72
Leo IX., Papst 24, 64–65, 69
Leonardo Fibonacci 94
Leopold V., Hzg. v. Österreich 53
Lietgart, Tochter Herberts II. 16
Lothar I., Kaiser 11
Lothar III., Kaiser 101
Ludwig I. der Fromme, Kaiser 11
Ludwig IV., westfränk. Kg. 17–18
Ludwig VI., Kg. v. Frankr. 42
Ludwig VII., Kg. v. Frankr. 44, 49-50, 52
Mabel v. Bellême 117
Magnus, Kg. v. Norwegen 31
Maio v. Bari 111
Malcolm III., Kg. v. Schottl. 36–37, 41
Malgerius, Gf. v. Corbeil 21
Malik Schah I. 81
Manfred, Fürst v. Tarent 83
Manuel I. Komnenos, Kaiser 104
al-Maqrīzī 103
Margarete, Frau Malcolms III. 26, 41
Margarete, Frau Wilhelms I. v. Siz. 104–105, 107, 110–111
Mathilde (Edith), Frau Heinrichs I. v. Engl. 26, 41
Mathilde, Tochter Balduins V. 23–24, 26
Mathilde, Tochter Heinrichs I. v. Engl. 26, 42–44, 47
Mathilde, Tochter Heinrichs II. v. Engl. 49
Maximilla, Tochter Rogers I. 76
Meles v. Bari 57, 61
Michael VI., Kaiser 78
Michael VII. Dukas, Kaiser 67, 70, 79–80
Neilos Doxapatris 111
Nikephoros Phokas, Kaiser 84–85
Nikolaus II., Papst 24, 66, 113
Nur ad-Dīn 95
Odo, westfränk. Kg. 11
Odo, Bf. v. Bayeux 34
Olegar, Erzbf. v. Tarragona 96
Olympias (Helena), Tochter Robert Guiscards 67
Ordericus Vitalis 84, 90, 114, 117
Otto I., Kaiser 17, 61
Otto II., Kaiser 61
Pandulf IV., Fürst v. Capua 61–63
Peter III., Abt v. Venosa 113
Petrus v. Eboli 111
Petrus v. Palermo 112
Philipp I., Kg. v. Frankr. 32, 37, 82, 90
Philipp II., Kg. v. Frankr. 52–55
Popa, Tochter Berengars v. Bayeux 13
Qilidsch Arslan 81
Radulf v. Diceto 53
Raimund v. Poitiers 89, 93–95
Raimund IV., Gf. v. Toulouse 82–83, 85–87
Raimund Berengar III. v. Barcelona 96
Raimund Berengar IV. v. Barcelona 96–97
Rainulf I., Gf. v. Aversa 62
Rainulf II., Gf. v. Aversa 63
Ralf, Gf. v. Vexin/Hereford 30
Ramiro II., Kg. v. Aragon 96
Raoul d'Ivry 21
Richard I., Kg. v. Engl. 26, 49, 51–56
Richard I., Hzg. v. Burgund 16
Richard I., Gf./Hzg. v. Normandie 12–13, 16–19, 25–26, 28
Richard II., Hzg. v. Normandie 12, 18–21, 25–26, 29, 58
Richard III., Hzg. v. Normandie 21, 25–26
Richard, Gf./Fürst v. Capua 65–66, 68–70
Richard, Sohn Wilhelms v. Principato 87, 89–90, 93
Richard FitzNigel 42, 55
Richer v. Reims 16–17
Ridwan v. Aleppo 87, 92–93
Robert II., Kg. v. Frankr. 20
Robert I., Hzg. v. Normandie 21–22, 25–26, 58
Robert II., Hzg. v. Normandie 26, 36–39, 83, 117
Robert, Markgf. v. Neustrien 12–13, 16, 18
Robert Burdet, Fürst v. Tarragona 95–97
Robert Guiscard, Hzg. v. Apulien 63–75, 74–75, 81, 83–84, 89, 91, 99–100, 113–114, 117

Robert I., Gf. v. Flandern 37, 81
Robert II., Gf. v. Flandern 83
Robert, Gf. v. Gloucester 43–44
Robert Crispin 79
Robert, Sohn Wilhelms v. Grandmesnil 117
Robert v. Selby 104
Robert I., Erzbf. v. Rouen/Gf. v. Évreux 21–22
Robert, Abt/Erzbf. v. Canterbury 30
Robert v. Grandmesnil, Abt v. St-Évroult 113, 116
Robin v. Locksley 56
Roger I., Gf. v. Siz. 7, 49, 64, 67, 74–77, 79, 97, 99, 102–103
Roger II., Kg. v. Siz. 7–8, 83, 97–109, 111, 117, 120–122
Roger Borsa, Hzg. v. Apulien 70, 73, 77, 83, 86, 98–100
Roger Avenel 103
Roger v. Montgomery 23
Roger v. Principato 89, 93
Roger, Sohn Rogers II. 104, 106–107
Roger, Sohn Tankreds v. Lecce 106–107
Rollo (Rolf/Robert) 12–14, 16, 25
Romanos IV. Diogenes, Kaiser 67, 79
Romuald v. Salerno 101
Rorik, Wikinger 11
Rotrou III., Gf. v. Perche 96
Roussel v. Bailleul 79–80
Rudolf v. Rheinfelden, Gegenkg. 69–70
Rudolf Glaber 21
Saladin 53, 95
Salomon, Bretone 12
Sergius IV., Hzg. v. Neapel 61
Sibylle v. Acerra 106–107
Sibylle v. Burgund 104, 107
Sikelgaita, Frau Robert Guiscards 65, 70
Simon, Sohn Rogers I. 97, 99
Stephan v. Blois, Kg. v. Engl. 26, 43–46
Stephan III., Gf. v. Blois 26, 83
Stephan v. Perche 110
Stephan v. Pisa/Antiochia 94
Suppo, Abt v. Mont-St-Michel 24
Sven Gabelbart, Kg. v. Dänem. 26, 28
Tankred v. Lecce, Kg. v. Siz. 106–108, 112, 115
Tankred, Regent v. Antiochia 87, 89–93
Tankred v. Hauteville 9, 62, 64, 89, 99
Tatikios 84–85
Theoderich, Abt v. St-Évroult 114
Theophanu, Frau Ottos II. 61
Thomas Becket 50
Thomas Brown 104
Tostig, Gf. v. Northumbria 30, 32
Tughtegin v. Damaskus 93
Urban II., Papst 76–77, 81, 96
Viktor IV., Gegenpapst 50
Vladimir, Fürst v. Kiev 15, 77
Waimar III., Fürst v. Salerno 56–57
Waimar IV., Fürst v. Salerno 62–63, 78
Wibert, Erzbf. v. Ravenna 69, 72
Wilfred v. Ivanhoe 56
Wilhelm I. der Eroberer, Kg. v. Engl. 7, 9, 21–27, 30–38, 43, 45–47, 51, 58
Wilhelm II., Kg. v. Engl. 26, 38–40, 45–46, 116
Wilhelm I., Kg. v. Siz. 83, 104–108, 111
Wilhelm II., Kg. v. Siz. 9, 49, 105–108, 111
Wilhelm III., Kg. v. Siz. 106–108
Wilhelm, Hzg. v. Apulien 98–100
Wilhelm I., Hzg. v. Aquitanien 16
Wilhelm III., Hzg. v. Aquitanien 16
Wilhelm, Gf. v. Eu 21
Wilhelm Burdet, Gf. v. Tarragona 97
Wilhelm v. Hauteville, Gf. v. Apulien 62–64
Wilhelm v. Hauteville, Gf. v. Principato 64, 89
Wilhelm Langschwert, Gf. v. Normandie 13, 16–17, 19, 25
Wilhelm v. Apulien 57
Wilhelm Clito 26, 42
Wilhelm Fitz Osbern 23
Wilhelm v. Grandmesnil 116–117
Wilhelm, Sohn Heinrichs I. v. Engl. 26, 42
Wilhelm, Sohn Kg. Stephans v. Engl. 45
Wilhelm, Erzbf. v. Sens 50
Wilhelm v. Volpiano, Abt 19–20, 24
Zengi (Imād ad-Dīn Zangī) 95